ZWISCHEN NORD- UND OSTSEE
Reinhard Pelte

66 Lieblingsplätze
und 11 Köche
ZWISCHEN NORD-
UND OSTSEE

Reinhard Pelte

Besuchen Sie uns im Internet:
www.gmeiner-verlag.de

© 2011 – Gmeiner-Verlag GmbH
Im Ehnried 5, 88605 Meßkirch
Telefon 07575/2095-0
info@gmeiner-verlag.de
Alle Rechte vorbehalten
1. Auflage 2011

Lektorat: Claudia Senghaas, Kirchardt
Herstellung: Claudia Reinert
Umschlaggestaltung: U.O.R.G., Lutz Eberle, Stuttgart
unter Verwendung eines Fotos von Moritz Pelte sowie einer Aufnahme des
Strandhotel Glücksburg (Rückumschlag)
Kartendesign: Matthias Schatz
Druck: AZ Druck und Datentechnik GmbH, Kempten
Printed in Germany
ISBN 978-3-8392-1160-1

|NORDSEEKÜSTE

DEUTSCHLAND

DÄNEMARK

INSELN, WATTENMEER UND HALLIGEN

ⓘ – KÖCHE

Dieses Buch soll eine Einladung in meine Heimat sein. Sie liegt im nördlichsten Norden der Bundesrepublik Deutschland und im südlichsten Süden des Königreichs Dänemark. Sie ist auch die Heimat einer dänischen Minderheit in Deutschland (ca. 50.000) und einer deutschen Minderheit in Dänemark (ca. 15.000).

ZWISCHEN NORD- UND OSTSEE

Eigentlich besteht sie nur aus Küste: im Westen die Nordsee und im Osten die Ostsee, in der Mitte ein schmaler Geestrücken. Warum die Nordsee ›Nordsee‹ heißt, ist von hier oben nicht recht zu verstehen. Die Dänen nennen sie Vesterhavet (Westmeer) und liegen damit weitaus näher an unserer Wahrnehmungswirklichkeit. Die Ostsee (dänisch: Østersøen) hat auch aus unserer Sicht einen korrekten Namen. Sie ist ein großer See, der von uns aus gesehen im Osten liegt. Manche nennen sie ein Binnenmeer, **EIGENTLICH BESTEHT SIE NUR AUS KÜSTE.** was auch in verschiedener Hinsicht stimmt, erreicht sie doch bei Sturmwetterlagen, in strengen Wintern und bei zähem Nebel die Gefährlichkeit eines Weltmeeres und ist für die Küsten und deren Bewohner sowie für die Schifffahrt eine echte Herausforderung für Leib und Leben.

Auf der anderen Seite hat die ozeanografische Wissenschaft in der Ostsee den sogenannten ›Badewanneneffekt‹ entdeckt und wissenschaftlich erklärt. Der Name klingt nach Zuhause, nach Wärme und Wohlbehagen. Und das trifft auch auf die Gefühle zu, die wir mit der Ostsee verbinden. Die Nordsee ist rauer und wilder und vor allem noch ›leerer‹ als die Ostküste. Dazu später mehr.

Die Grenzen im Süden und Norden verschwimmen. Am besten lässt sich meine Heimat mit einer Linie umreißen, die bei St. Peter-Ording beginnt, über Husum nach Norden führt, die Westküste einschließt mitsamt dem Watt, den Halligen, den Nordfriesi- **DER BADEWANNEN-EFFEKT WÄRMT.** schen und Dänischen Nordseeinseln und bei Ribe ihren nördlichsten Punkt erreicht. Dann wendet sie sich südostwärts über Aabenraa nach Sønderborg, folgt der Küste über Flensburg und Schleswig und hat in Eckernförde ihren südöstlichen Abschluss. Zwischen Eckernförde und St. Peter-Ording kann man dann ein Lineal anlegen und hat die Linie an ihren Ausgangspunkt zurückgeführt.

Wie viele Quadratkilometer Land diese Linie einschließt, kann ich nicht sagen, denn das hängt von Ebbe und Flut ab, von Spring- und

Nipptiden, der Windrichtung und -stärke; die Zahl ist meiner Meinung nach aber auch nicht wirklich wichtig.

Auch die Bevölkerungszahl ist nicht genau zu beziffern. Es steht aber fest, dass meine Heimat kein Ballungszentrum ist und eher zu den dünn besiedelten Regionen Deutschlands und Dänemarks gehört, wenn sie nicht sogar die am dünnsten besiedelte ist. Die Bewohner der Halligen zum Beispiel kann man an den Fingern abzählen, und ihre Verbindung zur Zivilisation auf dem Festland bewerkstelligt neben anderen Fortbewegungsmitteln eine Lorenverbindung durch ein Weltnaturerbe, das Wattenmeer vor der Nordseeküste.

**| DIE BEWOHNER DER
| HALLIGEN KANN MAN
| AN DEN FINGERN ABZÄHLEN.**

Vielleicht sollte ich an dieser Stelle einfügen, wovon die Menschen in meiner Heimat hauptsächlich leben und womit sie ihr Geld verdienen: Die wirtschaftlichen Schwerpunkte liegen bei der Landwirtschaft und dem Tourismus. Um es gleich vorweg zu sagen: Mich haben Urlauber in meiner Heimat nie gestört (von der Insel Sylt einmal abgesehen, auf der in den Sommermonaten die Tagestouristen bisweilen einen Sturm entfachen, der lästig ist). Das Gleiche gilt für die Landwirtschaft, selbst wenn die Bauern im Frühjahr gern Gülle auf ihren Feldern ausbringen, die einen unangenehmen Gestank verbreitet (zum Glück nur vorübergehend). Wir haben es den Touristen zu verdanken, dass wir mit einer Fülle guter Restaurants und Hotels gesegnet sind. Das ist für einen Anhänger von gutem Essen und Trinken ein echter Vorteil. Das gilt auch hinsichtlich der Landwirtschaft. Ich habe erst durch sie erfahren,

zu welch delikaten Gerichten Weißkohl und Kohlrüben – zwei Spezialitäten der regionalen Landwirtschaft – in den Händen von guten Köchinnen
und Köchen zubereitet werden können.

Ich bin mir sicher, dass das weite Land, die angrenzenden Meere, der
klare Himmel und das Wetter, das mit viel Wind daherkommt und mit
raschen Wechseln von Sonne, Wolken und Regen, einen guten Einfluss
auf uns Norddeutsche haben. Wir sind sensibilisiert für die natürlichen
Abläufe des Lebens und der Natur, auch für deren Gefährdungen. Uns ist
das gar nicht immer bewusst, und wir machen nicht viele Worte darum.
Anders ausgedrückt, wir sind erdverbunden und bleiben auf dem Teppich.
Vielleicht ist das der Grund dafür, dass die grüne Bewegung bei uns nicht
die große Rolle spielt wie anderswo in der Republik. Die Leute hier sind
grün genug, in welcher Partei auch immer, das muss man ihnen nicht extra
einbläuen.

Dafür spricht auch die Tatsache, dass die einzige größere Industrie, die
sich bei uns etabliert hat, Windkraftanlagen herstellt, die in der ganzen
Welt Abnehmer gefunden haben und noch weiter finden. Darüber hinaus
gibt es viele kleinere Produktionsstätten, die ganz spezielle Vorlieben und
Bedürfnisse bedienen, und deren hochentwickeltes Know how in Technik
und Handwerk weltweit Bewunderer und Käufer findet. Dazu gehören
die Berking-Classic-Werft in Flensburg und die Leichtflugzeugfertigung
bei Bredstedt.

Ich könnte noch viel über unsere Städte schreiben, ihre berühmten
und weniger berühmten Menschen, ihre lange, wechselvolle, zeitweise
auch leidvolle Geschichte, ihr wirtschaftliches Auf und Ab, ihre historische Architektur, ihre Lebenskultur und ihr gesellschaftliches Milieu. Ich
glaube, ich kann mir und Ihnen das an dieser Stelle ersparen. Der Leser
wird das alles und noch viel mehr auf den folgenden Seiten finden. Dabei
wünsche ich ihm gute Unterhaltung. Aber in Wahrheit wünsche ich mir,
listig verborgen hinter den vielen Worten, dass er auf meine Heimat neugierig wird und sie besuchen kommt. Er könnte auch mich treffen, zum
Beispiel in der Weinstube im Krusehof in Flensburg. Er dürfte mich ruhig
auf dieses Buch ansprechen, und ich bin mir sicher, dass er danach ein paar
wunderbare Tage verbringen wird, aber nur, wenn er zwischen den Meeren bleibt und nicht durchrauscht nach sonst wohin.

Reinhard Pelte

Esbjerg

Ribe → S. 135

Toftlund

Rømø → S. 175ff

Skærbæk

List → S. 149
Gosch → S. 151
Grand Spa Resort → S. 153

Fähre Havneby-List → S. 179
Hjerpsted → S. 183

Westerland
Il Ristorante → S. 155
Hotel Stadt Hamburg → S. 157
Café Wien → S. 159

Højer

Møgeltønder → S. 137

Tønder

Restaur

Nolde Museum, Seebüll → S. 131
Restaurant Seebüll → S. 133

Sylt → ab S. 144

Gendarmstien → S. 21

Charlottenhof, Klanxbüll → S. 129

Sansibar, Rantum → S. 147

Martensen, Niebüll → S. 127

Föhr → ab S. 162
Museum Kunst der
Westküste, Alkersum → S. 171
Landhaus Laura, Oevenum → S. 165
Glenngelato → S. 173
Rackmers Hof, Oevenum → S. 169

Pizzeria alla Stazione,
Langenhorn → S. 121

Restaurant Nordite

Bordelum → S. 125

Bredstedt → S. 117
Breezer Aircraft → S.

Schlüttsiel → S. 123

Weltnaturerbe Wattmeer
und Halligen → S. 140

Husum [4] → ab S. 100

Nordsee → S. 88

Tönning

St. Peter-Ording → S. 93
Haus Windschnur → S. 95
Jan's Restaurant → S. 97

Fredericia

Odense

Haderslev

Dänische Südsee → S. 16

Aabenraa → S. 19

Slot Gråsten → S. 23
Sønderborg [1]
→ S. 37
Annies Hot Dog Havn,
Sønderhav → S. 35
Schloss Glücksburg → S. 61
Strandhotel Glücksburg → S. 63
Gut Freienwillen → S. 59
Flensburg [2] → ab S. 40

Oeversee

Kappeln

Die Schlei → S. 65

Schleswig [3] → ab S. 67
ODINs Historisches Gasthaus, Haddeby → S. 81
Eckernförde → S. 83
Domkrug → S. 85

Owschlag   Gettorf

Kiel

[1] zu Sønderborg:
Historiecenter Dybbøl Banke → S. 25
Sønderborg Slot → S. 27
OX-EN Steakhouse → S. 29
Grass' Butt → S. 31
Sønderborgs Flaniermeile → S. 33

[2] zu Flensburg:
Schifffahrtsmuseum → S. 43
Weinstube im Krusehof → S. 45
Kapitänsweg → S. 47
Odore del Mare → S. 49
Robbe & Berking Classics Werft → S. 51
Kritz → S. 55
Phänomenta → S. 57

[3] zu Schleswig:
Schloss Gottorf → S. 67
Der Holm → S. 69
Auf der Freiheit → S. 71
Wein-Quartier-No.7 → S. 73
Der Kornmarkt → S. 75
Stilart → S. 77
St. Petri → S. 79

[4] zu Husum:
Theodor-Storm-Museum → S. 103
Hafen → S. 105
Dragseth's Gasthof → S. 107
Vestas-Germany → S. 109
SchlossCafé → S. 111
Pusteblume → S. 113
Ratskeller → S. 115

OSTSEEKÜSTE

Die Ostsee heißt auch Baltisches Meer bzw. Baltische See, lat. Mare Balticum. Der Begriff ›Meer‹ scheint erst wirklich angebracht östlich von Fehmarn, besser noch, östlich von Rügen und Bornholm. Von hier ab geht es viel wilder, rauer und naturnaher zu als westlich davon in Richtung deutsch-dänische Ostseeküste.

DAS SEGELPARADIES

Hier ist aus dem Mare Balticum die ›Dänische Südsee‹ geworden. Der Slogan spielt auf die Vorstellung von der Freundlichkeit, ja der Lieblichkeit und Gastfreundschaft der pazifischen Südsee an, in der man das Paradies vermutet und nicht die rohe Brutalität sturmgepeitschter Weltmeere. Wie so oft, haben derlei Slogans einen wahren Kern. Zum einen zeugt er davon, dass die wenigsten, die ihn benutzen, wirklich in der Südsee gewesen sind. **VORSTELLUNG VON FREUNDLICHKEIT** Sie können nicht wissen, wie gnadenlos brutal es dort zugehen kann. (Wer darüber mehr wissen will, kann bei Robert Louis Stevensons ›In der Südsee‹ fündig werden.)

Zum anderen trifft der Mythos von der Südsee den Charakter der Ostsee vor der deutsch-dänischen Küste recht präzise. Davon wissen die Segelsportfreunde ein besonderes Lied zu singen.

Das gesamte Segelrevier vor der Haustür, die etwa 8.000 km² große Beltsee, auch ›Westliche Ostsee‹ genannt, umfasst die Meeresgewässer westlich von Seeland, Falster und der sich zwischen dieser Insel und der deutschen Küste bei Rostock erstreckenden Darßer Schwelle. Hier ist das Meer durch Inseln in ein Netz von Meerengen und Buchten geteilt, die mit der eigentlichen Ostsee kaum enger verbunden sind als mit dem Kleinen Belt. Die mittlere Salzkonzentration im Wasser der Beltsee ist gut doppelt so hoch wie in der östlich angrenzenden **HIER IST DAS MEER DURCH INSELN IN EIN NETZ VON MEERENGEN UND BUCHTEN GETEILT.** eigentlichen Ostsee. In mancher Hinsicht kann die Beltsee bis auf Großen und Kleinen Belt allerdings schon der eigentlichen Ostsee zugerechnet werden. Aber aus Sicht der heimatlichen deutsch-dänischen Küste gehören vor allem folgende Seegebiete dazu:

Meerengen: - Langelandsbelt
                  - Kleiner Belt
                  - Alsenbelt
                  - Alsensund

Meeresbuchten, Förden:	- Smålandsfarvatnet
	- Alsfjord
	- Flensburger Förde
	- Geltinger Bucht
	- Schlei
	- Wenningbund
	- Eckernförder Bucht

Es gibt kaum ein Segelrevier im Norden Europas, das sich so großer Beliebtheit erfreut wie die dänische Südsee. Selbst wenn die Segelsaison kurz ist (von April bis September), die Anzahl beliebter Segelhäfen sowohl auf dänischer als auch auf deutscher Seite füllt ganze Kataloge.

Es gibt zahllose Schulen, die Interessierten das Segeln beibringen, Enthusiasten den letzten Schliff verpassen und die neuesten Techniken vermitteln. Sie dürfen auch die Lizenzen zum Führen eines Bootes erteilen. Dem Segelfreund, der kein eigenes Segelboot besitzt und auch keines erwerben möchte, eröffnen sich zahllose

ES GIBT KAUM EIN SEGELREVIER IM NORDEN EUROPAS, DAS SICH SO GROSSER BELIEBTHEIT ERFREUT WIE DIE DÄNISCHE SÜDSEE.

Möglichkeiten, ein Boot zu chartern. Von der kleinen Jolle bis hin zur luxuriösen X-50 oder Swan-82 S.

Unter dem Begriff ›Dänische Südsee‹ wird gemeinhin der Seebereich südlich von Fünen einschließlich Ærøskøbing, Langeland und der vielen Inseln dazwischen zusammengefasst. Der Name wird hauptsächlich von deutschen Seglern verwendet. Im Dänischen ist die Bezeichnung ›Südfünisches Inselmeer‹ (Sydfynske Øhav) geläufig. Es ist ein abwechslungsreiches Segelrevier. Kleine, fast verlassene Inseln wechseln sich ab mit größeren Inseln, wo man idyllische Städte findet, in denen die legendäre dänische Gelassenheit erlebt werden kann. Es gibt Plätze, an denen Sie ganz für sich sind, und es gibt Orte, die im Sommer nur so wimmeln von Seglern und anderen Bewunderern der dänischen Lebensart.

MEHR INFO: WWW.SKIPPERGUIDE.DE

Die vielen Inseln im Meer zwischen Ærø, Fünen und Langeland können nicht alle aufgezählt werden. Dafür reicht der Platz hier nicht aus. Fast alle haben einen kleinen Hafen oder mindestens einen Ankerplatz. Die meisten von ihnen sind dünn besiedelt. Es gibt einen kleinen Ortskern, manchmal nur einen einzigen Købmand (Kaufmann).

In der dänischen Südsee liegen neben der großen Insel Füren auch Alsen, Langeland, Lolland, Falster, Møn und viele weitere kleine Inseln.

AABENRAA TURISTBUREAU /// H. P. HANSSENS GADE 5 ///
DK-6200 AABENRAA /// +45 / 74 62 / 35 00 /// WWW.VISITAABENRAA.DK ///

Aabenraa ist der Einstieg von Deutschland nach Dänemark (dänisch Danmark), genauer von Schleswig-Holstein nach Südjütland (dänisch Sønderjylland). Durch die zentrale Lage sind zahlreiche nationale und gewerbliche Funktionen mit der Stadt verknüpft. Kunst und Kultur können Sie in Museen und Galerien gut repräsentiert kennenlernen.

DÄNEMARK ZUM KENNENLERNEN

Aabenraa ist die erste dänische Stadt an der A7 nördlich der deutschen Grenze. Seit ich an die deutsch-dänische Grenze gezogen bin (1972), weiß ich immer genau, wann ich in Deutschland oder in Dänemark bin, auch nachdem es keine Grenzkontrollen mehr gibt. Ich fühle das einfach. Früher lag das vielleicht daran – von den Grenzkontrollen einmal abgesehen –, dass es in Dänemark keine Autobahnen gab. Die erste Autobahn wurde Ende der 70er, Anfang der 80er gebaut. Zu der Zeit regte man sich in Deutschland schon lange über die Staus auf den Autobahnen auf. Auch heute noch – die Grenzkontrollen sind längst abgeschafft und Geschichte geworden – fühle ich deutlich, in welchem Land ich mich aufhalte. Viele, denen es ähn-

> **Tipp**
>
> Im Sommer werden in Aabenraa wöchentliche Rundgänge mit dem **NACHTWÄCHTER** oder Stadtführern angeboten, die über die Geschichte der Stadt erzählen.

lich geht, meinen, das läge an den dänischen Autofahrern. Selbst wenn ich mir einrede, das sei ein Vorurteil, sozusagen eine unstatthafte Verallgemeinerung, muss ich einräumen: Dänische Autofahrer sind alles in allem ›langsamer‹.

Als ich zum allerersten Mal nach Dänemark fuhr, war Aabenraa die erste dänische Stadt, in der ich Halt machte. Damals war für mich alles

DÄNEMARK ZUM KEN-NENLERNEN: RUHIG, GE-MÜTLICH, ANIMIEREND.

neu und aufregend. Heute bin ich nicht mehr aufgeregt, aber immer noch gespannt auf Neues. Aabenraa ist ein charakteristischer, interessanter und aktiver Ort. Im Mittelalter erhielt er seine Stadtrechte, und im Laufe des 18. und 19. Jahrhunderts entwickelte er sich zu einer Schiffs- und Seefahrerstadt.

Aabenraa rühmt sich, die längste Fußgängerzone Dänemarks zu haben. Ich weiß nicht, ob das stimmt. Ich weiß nur, dass es einen hübschen Marktplatz gibt und ein großes, vielseitiges Angebot an Fachgeschäften, kleinen Cafés und Restaurants. Gehen Sie auch einmal in die winkligen Nebengassen mit ihren vielen alten Häusern und in den schönen Garten des Postmestergårdens.

TURISMEUDVIKLINGSSELSKAB /// TEGLGÅRDSPARKEN 101 ///
DK-5500 MIDDELFART /// +45 / 75 83/ 59 99 ///
HTTP://DE.SYDJYLLAND.COM ///

Der Gendarmstien ist Teil des Europäischen Fernwander-wegenetzes. Entlang des Weges gibt es Naturlagerplätze, Campingplätze und private Unterkünfte mit festem Dach. Speziell für den Gendarmstien gibt es bei den Touristinformationen eine (kostenlose) Broschüre mit Detailkarten.

PATROUILLENSTRECKE DER GRENZGENDARMEN

Der Gendarmstien ist ein Wanderweg im südlichsten Dänemark. Er führt etwa 75 km von Padborg nach Høruphav auf der Insel Als. Natürlich kann man ihn auch von Flensburg, Wassersleben/Krusau (Grenzübergang), Kollund oder Broager angehen. Der Gendarmstien ist zu allen Jahreszeiten ein eindrucksvoller Küstenwanderweg. Im Sommer kann man fast überall in der Ostsee baden. Aber auch Kultur und Geschichte kommen nicht zu kurz.

Historisch gesehen ist der Wanderweg die Patrouillenstrecke der Grenzgendarmen, die hier bis in die

> **Tipp**
>
> Der Wanderer auf dem Gendarmstien entlang des dänischen Ufers der Flensburger Förde bekommt einen grandiosen Eindruck von der Dänischen Südsee, der **FÖRDE-LANDSCHAFT** und den alten Städten und Dörfern in der deutsch-dänischen Grenzregion.

50er-Jahre Wache gingen. Im Museum in Sønderborg erfährt man mehr darüber. Der Weg führt auch über Dybbøl, wo alte Geschützstellungen aus dem deutsch-dänischen Krieg von 1864 besichtigt werden können (mehr Infos im Schanzenmuseum). Für jeden Geschmack gibt es also etwas zu

EIN SPAZIERGANG AUF DEM GENDARMSTIEN, EINE ERHOLUNG FÜR KÖRPER UND GEIST.

erkunden. Vor allem aber bietet das Wandern auf dem Gendarmstien einen grandiosen Ausblick auf die Fördelandschaft und verschafft zu jeder Zeit eine unvergleichliche Erholung an der frischen Luft. Der Weg führt durch eine Landschaft zwischen Ostsee und Ackerland, entlang an lichten Wäldern und Uferseen, über historische Schlachtfelder zu Dörfern und Städtchen, in denen man es sich gut gehen lassen kann.

In Egernsund überqueren Sie eine enge Fahrrinne. Gleich unterhalb der Klappbrücke liegt ein kleiner Gasthof, der zu einer Rast einlädt. Die nächste kleine Stadt ist Broager. Die Türme der Stadtkirche sind schon von Weitem sichtbar (und einen Besuch wert). Sønderborg ist die größte Stadt am Gendarmstien. Hier lohnt es sich, länger zu verweilen. Mehr dazu in den folgenden Kapiteln.

SLOT GRÅSTEN /// KONGEVEJ /// DK-6300 GRÅSTEN ///
HTTP://KONGEHUSET.DK ///

In Gråsten ist ein Schloss zu sehen, das, ähnlich wie Windsor Castle in England, noch von Monarchen bewohnt wird, wenn auch nur in den warmen Sommermonaten. Die königliche Sommerresidenz liegt in Sichtweite der Flensburger Förde und des deutschen Ufers. Sie ist ein Zeichen für die enge historische Verzahnung von Dänemark und Schleswig-Holstein. Die Dänen sind stolz auf ihre Monarchen ohne Protz und Prunk.

KÖNIGLICHE SOMMERFRISCHE

Slot Gråsten wurde Mitte des 16. Jahrhunderts als Jagdschloss errichtet. Nachdem es 1603 und 1757 niederbrannte, wurde das heutige Schlossgebäude in zwei Etappen wieder aufgebaut, 1759 der Südflügel und 1842 das Hauptgebäude. Um einen Ehrenhof angeordnet liegen die insgesamt drei Flügel der Anlage, die völlig weiß gestrichen ist.

Die barocke Schlosskapelle von 1699 und der im Jahre 1700 angelegte Schlosspark sind besondere Anziehungspunkte. Sie sind für die Öffentlichkeit zugänglich. Bei der Schlosskapelle im Seitenflügel handelt es sich um eine Kopie der Jesuitenkirche in Antwerpen. Wenn Sie diese wieder verlassen, können Sie die Gartenanlagen im englischen Stil bewundern. Diese nahmen unter Königin Ingrids Ägide ihr heutiges Aussehen an, der Mutter von Margrethe II.

> **Tipp**
>
> Der **SCHLOSSGARTEN** und die Schlosskirche stehen zeitweise für Besucher offen. In den Monaten Juli und August wird das Schloss von Königin Margrethe und Prinz Henrik bewohnt.

HANS CHRISTIAN ANDERSEN HAT HIER IM JAHRE 1845 DAS MÄRCHEN ›DAS KLEINE MÄDCHEN MIT DEN SCHWEFELHÖLZERN‹ (DÄNISCH: ›DEN LILLE PIGE MED SVOVLSTIKKERNE‹) GESCHRIEBEN.

Ein Spaziergang durch den Schlossgarten vermittelt einen Eindruck von der Lebensweise der dänischen Monarchie und von ihrer Volksnähe, die sie bei ihren Untertanen so beliebt macht.

Öffnungszeiten der Schlosskirche:
April – Oktober: Mi., Sa., So. 14 – 16 Uhr

Öffnungszeiten des Schlossgartens:
November – Februar: 07.30 – 16.30 Uhr; März: 07.30 – 18 Uhr
April: 07.30 – 19 Uhr; Mai – 19. August: 07.30 – 20 Uhr
20. August – Oktober: 07.30 – 19 Uhr

HISTORIECENTER DYBBØL BANKE /// DYBBØL BANKE 16 ///
DK-6400 SØNDERBORG /// +45 / 74 48 / 90 00 ///
HTTP://WWW.MUSEUM-SONDERJYLLAND.DK/SIDERNE/MUSEERNE/DYBBOL-BAN
KE/01-VELKOMMEN.HTML ///

Die Düppeler Schanzen sind etwas Außergewöhnliches. Sie zeugen von der Geschichte einer Gesellschaftskatastrophe, bei der Dänen und Deutsche für etwas kämpften, was jede Seite aus ihrer Sicht für eine gerechte Sache hielt. Die Zukunft, die beide erwartete, ist ebenfalls Gegenstand der Ausstellung im Historiecenter.

VON MENSCHEN UND SCHLACHTEN

Wenn Sie, von Flensburg kommend, auf dem Gendarmstien Richtung Osten wandern, so führt Sie der Weg über Egernsund und Broager auf die Düppeler Schanzen. Bei Düppel in der Nähe von Sonderburg wurde die entscheidende Schlacht im Zweiten Schleswigschen Krieg im Frühjahr 1864 geschlagen. Dänemark erlitt eine Niederlage gegen Preußen und Österreich und verlor in der Folge die Herzogtümer Schleswig, Holstein und Lauenburg. Die Einwohnerzahl unter dänischer Herrschaft reduzierte sich von 2,6 auf 1,6 Millionen Menschen. Die Niederlage war also vernichtend.

> **Tipp**
> Vom 1. April – 24. Oktober ist das Geschichtszentrum ›DYBBØL BANKE‹ täglich zwischen 10 und 17 Uhr geöffnet. Sie können dort selbstverständlich in Euro bezahlen.

Umso bemerkenswerter ist die Errichtung des Historiecenter Dybbøl Banke. Es ist kein Museum. Stattdessen setzt man auf eine Pädagogik, die sich in erster Linie an Schülerinnen und Schüler wendet, aber natürlich auch an Erwachsene. Es gibt einen Unterrichtschef (!) des Centers, Sten Jörgensen. Die Kinder sollen etwas erleben, sie sollen Geschichte zum Anfassen vorfinden. Sie kommen in einen großen, dunklen Raum, in dem Kanonendonner und Schreie wie die der Soldaten während der Schlacht zu hören sind. Es ist der Querschnitt einer Schanze mit Soldaten, Waffen, Hütten, Tunnel und Schützengräben aufgebaut. Vor diesem Szenario erzählen Sten Jörgensen und seine Kollegen, wie der Alltag in solch einer Schlacht ausgesehen hat.

INFORMATIV, VERSÖHNLICH, EIN BEISPIEL, WIE MAN AUS GEGNERN GUTE NACHBARN MACHT.

›Ich will von den Schülern z. B. wissen, was man wohl auf dem Schlachtfeld riechen kann – Blut, Urin, Rauch, Tiere. So können die jungen Menschen sich vorstellen, wie das damals war.‹

Und wie es niemals wieder sein soll! Dafür steht das Historiecenter Düppeler Schanzen.

SCHLOSS SØNDERBORG /// SØNDERBRO 1 /// DK-6400 SØNDERBORG ///
+45 / 74 42 / 25 39 /// WWW.MUSEUM-SONDERJYLLAND.DK ///

Nach Sønderborg Slot ist das Adelshaus Schleswig-Holstein-Sonderburg-Glücksburg benannt. Diese Tatsache weist bereits auf das ehrwürdige Alter des Bauwerks hin, das im 12. Jahrhundert erbaut wurde und damit zu den ältesten überhaupt in Südjütland zählt – nur Kirchen sind signifikant älter. Nach zwischenzeitlichen Erweiterungsbauten erhielt es abschließend eine Barockfassade, die bis heute Bestand hat. Die älteste spielbare Orgel Europas findet man in der im Renaissancestil errichteten Fürstenkirche.

AUCH EIN AUSTRAGUNGSORT DES SCHLESWIG-HOLSTEIN MUSIK FESTIVALS

Im Schloss ist heute das Museum der Geschichte Südjütlands und Nordschleswigs untergebracht. Seine Ausstellungen fokussieren vor allem auf die Konflikte um Nordschleswig im 19. Jahrhundert und die Entwicklung der Region im frühen 20. Jahrhundert. Im Rittersaal und im Innenhof finden Konzerte des Schleswig-Holstein Musik Festivals statt (www.shmf.de).

> **Tipp**
>
> Die **KÖNIGLICHE JACHT DANNEBROG** macht regelmäßig zwischen Juli und August am Kai vor dem Schloss fest. Im Sommer macht die königliche Familie im Schloss Gravenstein Ferien.

Um den abgesetzten König Christian, der im 15. Jahrhundert auf Schloss Sonderburg gefangen gehalten wurde, rankt sich eine fantastische Legende. Er soll in seiner Arrestzelle ruhelos einen Tisch umwandert haben, bis dessen Ecken sich abgeschliffen und der Tisch am Ende eine kreisrunde Form angenommen hatte.

Der Rittersaal (34 Meter lang) und die Schlosskapelle (aus dem 15. Jahrhundert) sind besondere Anziehungspunkte. Wer sich gruseln will, kann die teilweise öffentlichen Kerkeranlagen besichtigen.

BEDEUTENDE STÄTTE DEUTSCH-DÄNISCHER GESCHICHTE

Das Schloss liegt direkt am Hafen. Der Schlosskai dient als Anlegestelle der königlichen Jacht, die zwischen Juli und August hier festmacht und ihre Gäste in ihre Sommerresidenz nach Gravenstein entlässt. Vor dem Schloss ist ein Ringreiterparcours aufgebaut. Das Ringreiterfest erinnert an die Reiterspiele des Mittelalters (Termin bei der Touristinformation erfragen).

OX-EN /// BROGADE 2 /// 6400 SØNDERBORG, DÄNEMARK ///
+45 / 74 42 / 27 07 /// WWW.OX-EN.DK ///

Vom Restaurant OX-EN genießt man einen herrlichen Blick auf das Schloss, den Hafen und die Anlegeterrasse für die königlich-dänische Jacht. Seine Küche ist bemerkenswert. Es wird nur Premium-Fleisch von Hereford-, Angus- und Shorthornrindern verarbeitet. Daneben gibt es auch Gelegenheit, Spezialitäten der typisch dänischen Küche kennenzulernen.

STEAKS AND MORE

Nach einem ausgedehnten Spaziergang auf der Promenade entlang des Alsen Sunds sind Sie im OX-EN richtig aufgehoben, um sich bei einem guten Essen und ausgesuchten Getränken zu erholen. Leider geht das nur ab dem frühen Abend, über Mittag bleibt die Küche kalt.

> **RESERVIEREN SIE RECHTZEITIG.**
> OX-EN ist beliebt. Küche und Gaststube sind einen Abstecher wert.
>
> **Tipp**

Das Haus Brogade 2 gibt es schon seit dem 18. Jahrhundert. In den Wirren der Geschichte hat es unzählige Verwendungen und Veränderungen erfahren. Im deutsch-dänischen Krieg 1864 wurde es zerstört, von 1960 bis in die 80er-Jahre beherbergte es einen Tabakhandel, 1991 wurde es zu einem Restaurant umgebaut. Seit einer gründlichen Renovierung und Modernisierung im Jahre 2003 findet sich das Restaurant OX-EN hier.

OX-EN ist berühmt für seine Steaks, was bei diesem Namen nicht verwundert. Dennoch ist die Auswahl bemerkenswert und hier oben im Norden in dieser Qualität selten anzutreffen.

Hervorzuheben ist auch die Weinkarte. Sie mag für einen Kenner zu schmal ausfallen, weil sie nur wenige Gewächse anbietet (von Weinerzeugern in Übersee nur ein einziges). Aus Deutschland ist leider gar kein Wein auf der Karte vertreten. Aber das, was es gibt, ist gut und zu einem angemessenen Preis zu haben.

Preise sollte man in Dänemark übrigens immer im Auge behalten. Das Niveau ist für deutsches Empfinden oft hoch. Fast überall können Sie auch in Euro bezahlen (Dänemark ist Mitglied der EU). Der Wechselkurs an den Kassen ist manchmal allerdings recht abenteuerlich. Deswegen ist es ratsam, sich schon in Deutschland mit dänischen Kronen einzudecken (der Wechselkurs Euro/Krone ist ungefähr 1:8).

EIN STEAKHAUS, DAS IM HOHEN NORDEN SEINESGLEICHEN SUCHT.

Ein Abschnitt der renovierten Hafenpromenade Sonderburgs wird ›Holzbrücke‹ genannt. Hier liegen die größeren Jachten und segelnde Oldtimer vertäut. Sie treffen sich in Sonderburg u. a. zur Rum-Regatta von und nach Flensburg. Insgesamt wurden auch die Häuser an der Hafenpromenade umfassend renoviert und erneuert. Mittendrin steht seit Juli 2004 die 2,30 Meter hohe Bronzeskulptur ›Butt im Griff‹ des deutschen Literaturnobelpreisträgers Günter Grass.

EIN BUTT ZUM ANFASSEN

Sonderburg (dänisch Sønderborg) liegt am Alsen Sund in der Region Syddanmark. Der Bürgermeister heißt Jan Prokopek. Er ist Sozialdemokrat und pflegt gute Kontakte nach Flensburg und Schleswig-Holstein.

Günter Grass ist ein Verfechter der sozialdemokratischen Idee und ein Anhänger der skandinavischen Demokratien. Vielleicht ist das der Grund dafür, dass er gerade hier seine Skulptur hat aufstellen lassen. Sein Engagement für Willy Brandt ist bekannt: Er war für Brandt und die SPD als Wahlkämpfer unterwegs. Zeitweise war er sogar Mitglied der SPD, schied aber 1992 wieder aus. Schon vorher hatte er sich mit seinen Ansichten unter den Parteigenossen keine Freunde gemacht. Er war gegen die Wiedervereinigung und für eine Konföderation der beiden deutschen Staaten. Es liegt nahe, in dem Dissens den Grund für seinen Austritt aus der SPD zu vermuten. Später hat er sich immer wieder in die Tagespolitik eingemischt. Zuletzt unterstützte er Heide Simonis in ihrem Wahlkampf um die Wiederwahl als schleswig-holsteinische Ministerpräsidentin.

Tipp

Der ›Butt‹ von Günter Grass steht auf der **HAFENPROMENADE** von Sonderburg. Er ist Sinnbild seines Engagements für die sozialdemokratische Idee, die in Skandinavien zum Wohl der Bewohner umgesetzt wurde und viele Anhänger und Bewunderer in der Welt gefunden hat.

EIN TEURES ›GESCHENK‹ DES NOBELPREISTRÄGERS GÜNTHER GRASS AN DÄNEMARK.

Der Butt hat die Stadt Sonderburg 950.000 dänische Kronen (über 120.000 €) gekostet. Im Rahmen der Hafensanierung (ca 39 Millionen dänische Kronen) und mit Unterstützung des Kunstfonds (200 000 dänische Kronen) wurden die Mittel lockergemacht. Ob das Kunstwerk seinen Preis wert ist, darüber gehen die Meinungen auseinander. Sein Wert als Symbol deutsch-dänischer Nachbarschaft ist unbestritten.

SØNDERBORG KOMMUNE /// **RÅDHUSTORVET 10** /// **6400 SØNDERBORG** ///
+45 / 88 72 / 64 00 /// **WWW.SONDERBORGKOMMUNE.DK** ///

Einen bequemeren und unterhaltsameren Spaziergang entlang der Waterkant als den auf der Promenade von Sonderburg findet man nicht so leicht noch einmal. Die Stadt liegt wunderschön beiderseits des Alsensunds. In den letzten Jahren ist der Großteil der Hafenmeile mit EU-Entwicklungsgeldern, viel Geschmack und Klugheit saniert worden. Am linken Ufer ist die neue Universität Alsion mit Campus entstanden. Gegenüber wird das alte Hafenviertel weiterentwickelt.

MARITIMER SPAZIERGANG

Die Promenade verläuft entlang der Hafen- und Strandseite Sonderburgs auf der Insel Als. Der Anfang liegt im alten Hafen, der seine Bedeutung als Umschlagplatz für Waren und Güter mehr und mehr verliert und jetzt zu einem Wohn- und Dienstleistungsviertel umgebaut wird. Die Sanierungs- und Umgestaltungsarbeiten sind im vollen Gange. Der

> **Tipp**
>
> Ein bis zwei äußerst kurzweilige **SPAZIERSTUNDEN** im Hafen einer sehr lebendigen Stadt und entlang der Küste.

Spazierweg beginnt noch etwas ›chaotisch‹ zwischen aufgegebenen Lagerschuppen und windschiefen Häusern, die ihrer Sanierung entgegenfiebern.

Unter der Klappbrücke über den Sund lohnt es sich, an dem Fischkiosk eine Pause einzulegen und sich an den angebotenen Leckereien zu laben.

DÄNISCHE SÜDSEE PUR. MARITIME, LEBENDIGE STADT, SALZWASSER UND SEGELJACHTEN.

Weiter geht es auf edlem Bohlwerk entlang des Kais für Gastsegler, Jachten und Sportboote, vorbei am Grass-Butt und dem Anleger für die königliche Jacht bis zum Schloss. Wer Gelegenheit hat, selbst zu kochen, kann hier von den Fischkuttern noch lebende Schollen und Dorsche erstehen.

Auf der weiter nach Süden führenden langen Stadtpromenade weitet sich dann der Blick auf die Flensburger Außenförde. Der Viking Clube, ein Strandbad mit Steg und Umkleidekabinen, lenkt nur vorübergehend ab. Die Vikinger baden hier selbst im tiefsten Winter.

An der neuen Marina (Bootscharter möglich) kann man sich im Aushang der Hafenmeisterei über das Wetter der nächsten Tage informieren. Jenseits des Segelhafens geht die Promenade über in einen Wanderweg entlang der bewaldeten Steilküste nach Horuphavn.

ANNIS HOTDOG HAVN /// FJORDVEJEN /// DK-6340 SØNDERHAV ///

Dänemark ist bekannt für seine Hotdogs und Polser. An geblich gibt es in Annies Kiosk die besten Hotdogs der Welt. Natürlich spricht man bei Annie deutsch und kann auch in Euro bezahlen. 2009 kostete ein Original Hotdog 3,20 Euro. Wer partout keine Hotdogs mag, kann auf ein Dansk Soft Is (Softeis) ausweichen.

EINE WÜRSTCHENBUDE AUF DER DÄNISCHEN ›CROISETTE‹

Annies Kiosk wird weder per Website beworben, noch gibt es eine E-Mail-Adresse und auch keine Werbung, nicht einmal in ›Sonderjyllands Posten‹ oder ›Flensburg Avis‹. Dennoch ist die Bude eine Legende, vor allem bei Motorradenthusiasten. Wenn irgendwo in Europa unter Bikern Annies Hotdog Havn erwähnt wird, geht ein Raunen durch die Runde.

Wenn Sie bei Kruså über die Grenze kommen, biegen Sie an der ersten großen Kreuzung nach rechts Richtung Sønderborg ab. Nach ein paar hundert Metern an der Ampel wieder rechts ab in Richtung Kollund. Hat man den Ort passiert, fährt man entlang der Flensburger Förde auf der Croisette der Dänischen Riviera und kommt gegenüber den Ochseninseln zum Wallfahrtsort der Biker- und Hotdog-Fans. Zu Pfingsten werden Sie es schwer haben, auf dem großen Parkareal einen freien Platz zu ergat-

> **Tipp**
>
> Annies Hotdog Havn ist der Himmel auf Erden für Fans der gebratenen (dänisch risted) oder gebrühten **ROTEN WÜRSTCHEN**, eingelegt in aufgeschnittene, weiche Brötchen und eingebettet in Ketchup, Senf, geröstete Zwiebeln und süßsaure Gurkenscheiben.

tern. Auch wenn das Wetter schlecht sein sollte, ist das noch lange keine Garantie dafür, einen Parkplatz zu kriegen und in den Genuss von Annies Spezialitäten zu gelangen. Hier das Originalzitat eines Unermüdlichen:

›Annies Hotdog Bude ist Spitze, direkt an der Flensburger Förde. Allerdings hatten wir sowohl bei der Hinfahrt als auch bei der Rückfahrt strömenden Regen. Aber es hat trotzdem Spaß gemacht. Ein richtiger Hotdog-Esser ist man, wenn man nicht mehr als 4 – 6 Bissen braucht.‹ Selbst wenn Sie kein richtiger Hotdog-Esser sein sollten, werden Sie auf Ihre Kos-

DAS MEKKA FÜR MOTORISIERTE UND NICHT MOTORISIERTE HOT-DOG-FANS

ten kommen. Gegenüber von Annies Kiosk liegen die zwei Ochseninseln. Auf der größeren gibt es ein Café. Eine Fähre, die nicht viel mehr als eine Handvoll Leute aufnehmen kann, bringt Sie hinüber. Ein Abenteuer der ganz besonderen Art.

RESTAURANT BIND /// FJORDVEJEN 120 /// 6340 SONDERHAV, DÄNEMARK ///
+45 / 74 67 / 88 22 /// WWW.RESTAURANTBIND.DK ///

Wer in einem der schönsten Restaurants an der Flensburger Förde in angenehmer Atmosphäre exquisit speisen möchte, der muss das Restaurant Bind besuchen. Sollte es Ihnen so gut gefallen, dass Sie über Nacht bleiben möchten, dann steht Ihnen in der Nachbarschaft ein feines Landhotel zur Verfügung. Ein Shuttleservice bringt Sie vom Restaurant ins Hotel und wieder zurück, kostenlos, versteht sich.

EIN FRANZOSE IN DÄNEMARK

Wenn man über essen und trinken in Europa spricht, scheint Dänemark eher eine Terra incognita zu sein. Lange war Dänemark bekannt als die Heimat des Jubi, des Alborger Jubiläumsaquavit, und als Lieferant von Speck (gebraten) für Englands Frühstückstische.

Das gilt schon lange nicht mehr. Inzwischen stellt Dänemark den ›besten Koch der Welt‹, Rene Redzepi, der die Gäste seines Restaurants Noma in Kopenhagen in eine überraschend neue kulinarische Welt entführt.

In die respektheischende Reihe dänischer Spitzenköche reiht sich Christian Bind nahtlos ein. Er hat bei den Brüdern Haeberlin und bei Joel Robuchon gelernt. Die Liebe entführte ihn in den Norden. 1989 eröffnete er das Chez Paul in Flensburg. Dann kochte er im Fakkelgarden, ebenfalls an der Förde gelegen, aber auf der dänischen Seite, und machte es berühmt. 2008 zog er in eine 1900 erbaute Villa um und machte daraus ein gemütliches und stilvolles Restaurant. Täglich bietet er frisch zusammengestellte 3-Gänge- und 5-Gänge-Menüs an. Die Weinkarte ist übersichtlich. Französische Gewächse herrschen vor. Nach dem Essen ist ein Verdauungsspaziergang entlang der Flensburger Förde ein idealer Schlusspunkt eines außergewöhnlichen Restaurantbesuches.

> **Tipp**
>
> In einem der schönsten Restaurants an der Flensburger Förde kocht Christian Bind eine entspannte **FRANZÖSISCHE LANDKÜCHE** auf hohem Niveau. Grund genug, ihm einen Besuch abzustatten.

> **FRANZÖSISCH-DÄNISCHE EHE FÜHRT ZU AUSSERGEWÖHNLICHEN KULINARISCHEN GAUMENFREUDEN. UNBEDINGT EINE REISE WERT.**

Wenn Sie lernen wollen, zu kochen wie der Chef, können Sie Kochkurse bei ihm buchen. Kulinarische Reisen ins Elsass werden ebenfalls angeboten. Bei so viel Französisch und Dänisch könnte die Befürchtung aufkommen, als ›Nur-Deutscher‹ in Schwierigkeiten zu kommen. Keine Angst! Man spricht sehr gut Deutsch und akzeptiert Euros.

Flensburg ist bekannt als Sitz des KBA, des Kraftfahrtbundesamtes. Fast jeder hat unliebsame Erinnerungen an das Amt, das die Punkte sammelt. Leider färbt das auf Flensburg insgesamt ab. Das hat die Stadt wirklich nicht verdient. Selbst wenn ich als Lokalpatriot voreingenommen sein mag, stelle ich fest, dass sie eine der ansehnlichsten und wohnlichsten Städte ist, die ich kenne. Von ihrer Attraktivität kann sich der Leser auf den nachfolgenden Seiten ein eigenes Bild machen. An dieser Stelle sei nur auf einige wenige Besonderheiten hingewiesen, durch die Flensburg – neben dem KBA – bekannt geworden ist.

EINE RUMSTADT, DIE FLENST

Anhängern des Handballsports ist Flensburg ein Begriff. Die Mannschaft der Spielgemeinschaft Flensburg-Handewitt war 2004 deutscher Handballmeister. Ihre Heimspiele bestreitet sie in der ›Hölle des Nordens‹, der Campushalle. Der Name weist schon darauf hin, dass Flensburg eine Universität hat. Diese ist noch jung, und ihr Start leidet unter der Finanzmisere der öffentlichen Haushalte.

HANDBALLFANS KENNEN FLENSBURG

Nicht nur Biertrinker kennen das Flensburger Bier. Die Urheber des originellen Werbespots für die Flasche mit dem Plopp wurden mit dem international renommierten Preis ›intermedia-globe Gold 2010‹ ausgezeichnet (Forward Film & Medien GmbH & Co KG, www.forward.sh).

Die Silberschmiede Robbe & Berking hat in Flensburg ihre Produktionsstätte und ihren Hauptsitz. Die breite Palette ihrer Erzeugnisse wird in der ganzen Welt nachgefragt, sogar vom russischen Präsidenten im Kreml. Darüber hinaus hat sich Robbe & Berking in einem besonders exklusiven Wirtschaftszweig engagiert. Sie hoben die Robbe-&-Berkings-Classics-Werft aus der Taufe. Mehr hierzu erfahren Sie in einem eigenen Kapitel.

GROSSE NACHFRAGE NACH FLENSBURGER PRODUKTEN

Apropos Werft! Die Flensburger Schiffbau-Gesellschaft ist eine der wenigen großen Werften in Deutschland, die bis heute aus eigener Kraft überlebt hat.

Die Stadt hat sich das Flair und den Charme einer alten Hansestadt bewahrt. Begünstigt durch die sichere Lage am Ende der langen Förde, spielte sie schon im Mittelalter als Handelsplatz eine bedeutende Rolle. Von dieser Zeit zeugen auch die hübsch restaurierten Bürgerhäuser und

Handelshöfe, die im historischen Teil der Stadt zu bewundern sind. Der Süder- und der Nordermarkt mit ihren alten gotischen Kirchen markieren den Kern der Altstadt.

Heute haben sich neue Schwerpunkte entwickelt. Sie heben die Rolle der Stadt als Heimat der Segelsportfreunde hervor. Vor allem unterstrei-

FLENSBURG ALS STADT DES SEGELNS

chen sie den maritimen Charme, den die Stadt an der Förde gewonnen hat. Die Rede ist von den Segelereignissen und Regatten, die über die Region hinaus internationales Interesse erweckt haben und jedes Jahr viele Segler und Freunde des Segelsports an die Flensburger Förde locken.

Anlässlich der Robbe-&-Berking-Classics (jährlich Mitte Juni) bringen mehr als 200 klassische Motor- und Segeljachten alljährlich den Glanz der 20er- und 30er-Jahre des vergangenen Jahrhunderts nach Flensburg. Das inzwischen traditionsreiche Treffen ist nicht nur ein Augenschmaus, sondern ganz nebenbei auch noch die Europameisterschaft der 12m-R-Jachten. Die Veranstaltung endet traditionell mit einem Mitternachtsfeuerwerk nach der Preisverleihung.

Info

www.flensburg.de/tourismus-stadtportrait
www.flensburg-online.de/museum/rum-museum.html

Die Segelklubs an der Flensburger Förde haben 2010 Spitzenkräfte des Regattasports aus aller Welt eingeladen: Welcome to the ORCi World Championship 2010 in Flensburg/Glücksburg, Germany!

Last but not least gibt es auch die Flensburger Rum-Regatta (alljährlich Mitte Mai) – eine Mordsgaudi, wie der Bayer sagen würde, für uns ein nostalgisch angehauchtes Volksfest an der Hafenspitze, das an die ruhmreiche Vergangenheit des Hafens und seiner Kaufleute als Rumimporteure erinnern soll (es gibt auch ein Rummuseum in Flensburg, siehe Flensburger Schifffahrtsmuseum).

Das und noch einige andere Regatten mit Spaßcharakter (z.B. Dampfrundum, ein Rennen der historischen Dampfschiffe) locken die Menschen von weither an und pflegen die Verbundenheit und Liebe zu Meer, Hafen und Stadt.

Schiffahrtsmuseum

Das Flensburger Schifffahrtsmuseum ist in seiner Art einmalig. Neben dem Gebäude selbst zählen auch Traditionssegler aus der Zeit der kommerziellen Segelschifffahrt und der Salondampfer Alexandra dazu, die noch alle auf dem Wasser schwimmen und funktionstüchtig sind. Die eigene Werft ist eine besondere Attraktion. Sie baut und restauriert alte Schiffe nach den Vorgaben alter Schiffsbaukunst. An ihren Stegen liegen klassische Jachten aus dem letzten Jahrhundert.

ROLLING HOME

Flensburg hat eine lebendige Geschichte als Hafenstadt, als Handelsplatz, als Hauptimporteur für Rum aus der Karibik und als Fabrikationsstätte für die Veredelung dieses legendären Seemannsgetränks. Davon ist nicht viel übriggeblieben, aber die Erinnerung an die glorreichen Zeiten ist äußerst lebendig und wird liebevoll gepflegt. Das Flensburger Schifffahrtsmuseum ist ein Besuchermagnet für Abenteurer und Entdecker, Familien und Schulklassen, Wissenschaftler, Segler und Freizeitmatrosen. Alte Navigationsinstrumente, der Schatz des Flensburger Schiffergelags, geheimnisvolle Seekarten

> **Tipp**
>
> Hier gibt es viel über Seeleute, Schiffe und das **LEBEN AUF DEN MEEREN** zu erfahren, im Keller dreht sich alles um den Rum. Nicht nur für Landratten mit Sehnsucht nach den Sieben Weltmeeren einen Besuch wert.

und Seekisten mit dem Geruch von Abenteuer, Salz und Teer entzünden die Fantasie von Landratten und Seeleuten gleichermaßen. Schiffsporträts und Schiffsmodelle, vom hölzernen Frachtsegler bis zum genieteten Salondampfer, zeugen von über 700 Jahren Schifffahrtsgeschichte Flensburgs.

Im 18. Jahrhundert waren die Flensburger Kaufleute führend im Import von Rohware für die Rumherstellung. Im Westindienhandel verdienten sich viele eine goldene Nase. Im Keller des Museums kann man alles über den Rum und seine Veredelung erfahren. In Flensburgs Höfen und Kellern wurde aus dem Pure Rum das legendäre Seemannsgetränk destilliert. Von den vielen

EINE ANSCHAULICHE EINFÜHRUNG IN DAS LEBEN AN UND AUF DER SEE.

Rummarken mit gutem Namen sind heute nur noch zwei (Braasch und Johannsen) übrig geblieben.

Aus einem Brennstoffspeicher des vorletzten Jahrhunderts ist eine ungewöhnliche Oase für Genießer geworden. Die knackigen Salate und Flammkuchen in diversen Geschmacksrichtungen passen ausgezeichnet zum Merlot aus der Toskana, Trollinger aus Württemberg oder einem Tempranillo aus Spanien. Rieslinge, Grauburgunder und Müller-Thurgaus aus der Pfalz und ein Cabassiers aus der Provence sind für Liebhaber von Weißweinen auch nicht zu verachten.

EIN BRENNSTOFFLAGER ZUM VERLIEBEN

Vor über 200 Jahren war die Rote Straße Flensburgs zentraler Anlaufpunkt für die Gespanne der Händler, die hier ihre Waren abluden, ihre Pferde ausspannten und sich ein Bier genehmigten. Auf der Straße, in den Höfen und natürlich in den zahlreichen Gaststätten herrschte nicht nur an Markttagen reges Treiben. 1804 errichtete Hans Andresen ein weiteres Steinhaus in der Mitte eines Hofes, welches der Lagerung und dem Verkauf von diversen Gerätschaften, Öl und Petroleum diente. Auch der Krusehof war damals schon ein bedeutender Kaufmannshof, der Gaststätten, Läden, Wohnungen und Vorratslager beherbergte. Heute ist dort die Weinstube von Bernd und Steffi Ries untergebracht. Sie hat mich immer inspiriert. Zuletzt beim Schreiben meines fünften Kriminalromans. Hier ein Auszug:

›Jung hatte seine Lieblingsplätze, an denen er über Jahre festhielt. Er suchte sie immer wieder auf, besonders deswegen, weil sie sich über die Zeit nicht veränderten. In seiner Heimatstadt gehörte die Weinstube im Krusehof dazu. Sie war in einem Brennstoffspeicher aus dem vorletzten Jahrhundert untergekommen. Ihr altes Gebälk und die enge Gemütlichkeit konnten nicht verändert werden, es sei denn, man hätte den alten Speicher vollständig abreißen wollen. Die Wirtin verstand sich auf freundliche Gastlichkeit, und der geschulte Geschmack des Wirts sorgte für wenige, aber gute Tropfen auf der Karte.‹ Sie müssen sich nicht unbedingt zum Schreiben inspiriert fühlen, aber inspiriert werden Sie in der Weinstube ganz bestimmt.

> **Tipp**
>
> Zum Entspannen nach dem Einkaufen oder abends, nach einem langen Tag, der ideale Ort für **EIN GLAS WEIN** und einen leichten Imbiss.

> **EIN ALTES BRENNSTOFFLAGER UMGEBAUT ZUR WEINSTUBE – EINE ÜBERZEUGENDE IDEE.**

Wer Flensburg kennenlernen möchte, geht den Kapitänsweg. Nicht nur das Kompagnietor (Briefmarkenmotiv), den Hafen oder die St. Marienkirche bekommt der Besucher zu sehen. Die vielen versteckten Ecken, Winkel und kleinen Plätze vermitteln ein anschauliches Bild von der historischen Handelsstadt an der Förde.

FLENSBURG, WIE ES WAR UND IST

Wie bereits bekannt, ist Flensburg eine alte Hafenstadt. Früher, wenn die Mannschaften ihr Schiff sicher in den Hafen gebracht hatten, begann für den Kapitän die Arbeit erst richtig. Die Zollformaliäten mussten abgewickelt, die Scheuerleute für die Entladung angeheuert, Reparaturen an Schiffskörper, Masten und Rigg mit den Handwerkern besprochen und in Auftrag gegeben werden.

Darüber hinaus standen die Vorbereitungen für die nächste Reise an. Für die Seeleute, die im Hafen

> **Tipp**
>
> Der **START DES KAPITÄNSWEGES** ist am Schifffahrtsmuseum. Hier erhalten Sie auch das Begleitheft mit dem Wegeplan und der Kapitänsgeschichte sowie Buttons, Bastelbögen und vieles andere mehr.

abgemustert hatten, musste Ersatz angeheuert werden. Die Verproviantierung für die neue Reise war für den Kapitän eine Aufgabe von größter Wichtigkeit. Stau- und Routenpläne mussten ausgearbeitet werden. Der Mann hatte also alle Hände voll zu tun. Das Flensburger Schifffahrtsmuseum und das Stadtarchiv haben Quellen erschlossen, die es gestatten, den Weg eines Segelschiffkapitäns aus dem 19. Jahrhundert zu rekonstruieren, wenn er seinen Pflichten im Hafen nachging. Vieles aus der damaligen Zeit ist heute noch erhalten: Straßennamen, Gebäude, Speicher, Werkstätten und Plätze. Auf dem Kapitänsweg erwartet Sie ein Stück lebendiger Hafengeschichte von vor über 100 Jahren.

FÜR FREUNDE DER SEEFAHRT UND IHRER GESCHICHTE UND UM FLENSBURG KENNENZULERNEN.

Vieles aus der damaligen Zeit ist aber auch für immer verschwunden. Der Wandel von der Segelschifffahrt zur Dampfschifffahrt ist unübersehbar. Die gute alte Zeit ist abgelöst worden von der schnelllebigen Moderne. Pferdewagen, unbefestigte Fahrwege, Ausspannhof, Pferdestall und Seemannsheim sind ersetzt worden von Autos, breiten Straßen, Eisenbahngleisen, haushohen Silos und Hotels. In den letzten Jahrzehnten hat der Hafen als Umschlagplatz von Waren und Gütern mehr und mehr an Bedeutung verloren. Seine Funktion für Freizeit und Segelsport wird immer wichtiger. Der Tourismus ist in Flensburgs Hafen angekommen.

ODORE DEL MARE /// FÖRDEPROMENADE 1 /// 24944 FLENSBURG ///
04 61 / 3 15 51 41 ///

Sonwik ist ein neues Wohngebiet auf dem Gelände des alten Marinestützpunktes, ein Logenplatz am Wasser. Mittendrin das Odore del Mare. Das Restaurant serviert italienische Küche bester Qualität. Dazu kommen ein Ausnahmekoch und aufmerksame Bedienungen. Was kann man sich mehr wünschen?

MAMMA MIA

›Als sie ins Odore del Mare stürmte, war sie außer Atem und sah sich hektisch um. Sie entdeckte Momme an einem Zweiertisch ganz hinten. Eigentlich saß sie lieber mittendrin, nicht so abseits, als müsste sie sich verstecken. Der Tisch, den Momme gewählt hatte, stand am Fenster und gestattete einen Panoramablick über die Marina, über Segeljachten und eine Reihe hübscher Häuser. Sie standen auf einer langen Pier wie eine Reihe bunter Holzklötze, die über dem Wasser zu schweben

> Fragen Sie nach den Tagesangeboten **AUSSERHALB DER KARTE**. Sie werden angenehm überrascht sein. Es gibt auch Weine im Ausschank, die nicht in der Karte vermerkt sind.

Tipp

schienen. Jenseits davon, hinüber nach Kollund und dem dänischen Ufer, präsentierte sich die Innenförde von ihrer allerschönsten Seite. Die Aussicht versöhnte sie mit der Wahl ihres Crewkameraden.

»Hallo, Momme. Toller Blick.«

»Hallo, Ellen. Schön, dass du da bist.« Er stand auf, gab ihr die Hand und schob ihr den Stuhl zurecht. Sie sah ihn amüsiert an.«

Der Text hält meinen ersten Eindruck vom Odore del Mare fest. Er ist

BESTE ITALIENISCHE KÜCHE UND EINEN FANTASTISCHEN AUSBLICK AUF SEGELBOOTE, MARINA UND DIE FLENSBURGER FÖRDE.

Teil eines meiner Kriminalromane. Bevor ich zum allerersten Mal das Restaurant betrat, hatte mich schon allein seine Lage für das Restaurant eingenommen. Nachdem ich es mir bequem

gemacht und die Köstlichkeiten der Küche probiert hatte, war ich begeistert. Der Roman ist noch nicht veröffentlicht. Das wird noch dauern. Aber den Ausblick und die Kochkünste von Francesco kann man schon heute im Odore del Mare genießen.

»Hast du schon rausgekriegt, was es heute Besonderes gibt?«

»Ich wollte auf dich warten. Der Spagetti bringt gleich die Karte.«

Sie ignorierte seine Grobheit und stellte trocken fest:

»Es gibt ein paar Gerichte außerhalb der Karte. Sehr empfehlenswert.«‹

ROBBE & BERKING CLASSICS GMBH & CO. KG /// AM INDUSTRIEHAFEN 5 /// 24937 FLENSBURG /// 04 61 / 31 80 30 60 /// WWW.ROBBEBERKING.DE ///

Robbe & Berking ersteigerte vor einigen Jahren eine klassische 12mR Jacht aus dem Bestand der Bundesmarine, die den Aufwand für den Erhalt der Jacht nicht mehr aufbringen wollte. Robbe & Berking restaurierte den Oldtimer in eigener Regie. Das gewonnene Know how wollte man nicht verloren gehen lassen und gründete deshalb die Robbe & Berking-Classics-Werft, die sich dem Nachbau und der Restaurierung klassischer Jachten verschrieben hat.

JACHTEN VOM FEINSTEN

Wenn man die Werft besucht, ist man schnell von der Faszination des originalgetreuen Baus klassischer Jachten ergriffen. ›Es geht nicht darum, moderne Technik mit antikem Look zu verbinden. Anstatt Retro wollen wir klassische Schiffe bauen.‹ Das ist das ausgewiesene Credo der Werft. Die Bibliothek lässt erahnen, was das konkret bedeutet. Regale voller Jacht- und Segelbücher, voller Skizzen, Baupläne und Fotografien dominieren den Raum. Die Werke stammen aus dem frühen und mittleren 19. Jahrhundert. Die Recherche originaler Baupläne, Richtlinien und Materialien ist wichtig. Die gesammelten Unterlagen stammen aus dem Besitz der Eigner und aus Leihgaben von Schifffahrts- und Jachtmuseen.

> **REPARATUR UND RESTAURIERUNG** klassischer Jachten ist die Kernaufgabe der Werft. Eine wichtige Aufgabe in Zeiten, in denen alle Jachthäfen von modernen und komfortablen, aber immer weniger eleganten Kunststoffschiffen dominiert werden.

Tipp

Das Geburtsprojekt der Werft war die Restauration des 1939 gebauten Marineseglers ›Sphinx‹. Das Schiff wurde 2005 ausrangiert, von einer Gruppe Flensburger Unternehmer ersteigert und bis 2008 komplett restauriert. Die junge Robbe & Berking Classics Werft hat bereits viele Aufträge eingeworben und internationales Interesse erweckt.

Die Werft liegt mitten im Flensburger Industriehafen. Gewöhnlich steht das Tor zum Hof und der großen Halle weit offen. Dennoch ist man

WAHRE KLASSIK STATT RETRO-LOOK auf unangemeldeten Besuch nicht eingerichtet. Bei meinem Besuch (unangemeldet) wurde ich jedoch freundlich begrüßt und bereitwillig herumgeführt. Der Geruch nach Holz, Leim und konzentrierter Arbeit ist berauschend. Die Atmosphäre nahm mich gefangen und entführte mich in eine Welt, in der ich gerne länger verweilt hätte.

ANTONIA SCHÜTT /// 0 46 31 / 40 58 21 ///

Das perfekte Dinner: Ob Flusskrebssalat alla Antonia, Quiche mit Birne, Gorgonzola und Zwiebeln, ob exotische Früchte an Spargel-Krabbensalat, ob Schokotörtchen oder Engadiner Nusstarte, bei Antonia schmeckt alles. Sie hält, was sie verspricht und was ihr ins Gesicht geschrieben steht.

DIE KÖCHIN

Es ist schon einige Jahre her, dass ich Gäste eingeladen hatte, aus welchem Anlass, weiß ich gar nicht mehr genau. Jedenfalls wollten wir (meine Frau und ich) nicht selbst an den Herd, und Bekannte empfahlen uns eine Köchin, die ins Haus kommt und deren Kochkünste über jeden Zweifel erhaben seien. Wir würden schon sehen. Und dann kam Antonia! Ich bin in der Regel nicht maulfaul oder redeungewandt, aber nach der Begrüßung verstummte ich erst einmal. Nicht, weil Antonia zu viel geredet hätte, sondern weil mich ihre Lebendigkeit beeindruckte.

> **Tipp**
> Machen Sie ein Date mit Antonia. Sie und ihre Kochkunst werden Ihnen **IN LEBHAFTER ERINNERUNG** bleiben. Sie kocht aus gegebenem Anlass auch gerne bei Ihnen zu Hause.

Mein Eindruck war so nachhaltig, dass ich ihn in meinem Kriminalroman ›Inselbeichte‹ zur Kennzeichnung von Greta Driefholt festgehalten habe (der andere Typ namens Jung ist übrigens der Ermittler und Protagonist in meinen Kriminalromanen).

›Vor ihm stand eine stattliche Frau. Jung wusste auf der Stelle, dass sie ihre Schürze abgelegt hatte, bevor sie an die Tür gekommen war. Ihr Gesicht strahlte eine Freundlichkeit aus, die willkommen hieß, was immer ihr begegnete. Dagegen verblassten die übrigen Attribute ihrer Persönlichkeit. Jung vergaß die ihm wie angeborene, kritische Betrachtung weiterer Details.‹

Soweit dazu. Ihre Kunst hielt, was die Bekannten uns versprochen hatten. Unsere Gäste und wir hatten ein unvergessliches Dinner. Wir haben Antonia kein zweites Mal in Anspruch genommen. Der Grund dafür lag nicht etwa bei ihr, sondern an unserem Wunsch, ihre Kunst öfter genießen zu können. Und dazu gab es außerhalb unseres Hauses häufiger Gelegenheit. Jetzt

> **WENN SIE NACH EINER BESONDEREN KÖCHIN AUSSCHAU HALTEN, HIER IST SIE.**

planen wir eine Veranstaltung, bei der sie kocht und ich aus meinen Kriminalromanen lese. Wir hoffen, unseren Gästen bei Essen, Trinken und Spannung einen unterhaltsamen Abend zu bereiten.

KRITZ-CAFÉ BISTRO BAR /// NORDERMARKT 3 /// 24937 FLENSBURG ///
04 61 / 2 17 00 /// WWW.KRITZ.DE ///

Als Endpunkt eines jeden Einkaufsbummels in der Flensburger Innenstadt bietet sich der Nordermarkt an. Nicht nur, weil er im Grunde den Abschluss der vor einigen Jahren neu gestalteten und wirklich gelungenen Fußgängerzone bildet, sondern auch, weil sich rund um den Neptunbrunnen in seiner Mitte etliche Cafés, Bistros und Bars tummeln.

EIN FLENSBURGER UNIKAT

Für die meisten Flensburger ist der Nordermarkt wohl so etwas wie der kleine Bruder des Südermarkts, auf dem der Wochenmarkt stattfindet. Vom Südermarkt – er ist übrigens neben dem ZOB der größte Knotenpunkt für den Busverkehr – geht die große Einkaufspassage ab in Richtung Nordermarkt. Der kleinere Bruder im Norden ist auf jeden Fall der ältere. Bereits 1200 legte König Knud VI. den Platz und die angrenzende St. Marien-Kirche an. Sein Gesicht bekam der Nordermarkt jedoch erst im Jahre 1758, als man in seiner Mitte den Neptunbrunnen errichtete. Und auch heute noch wacht der Gott des Meeres über den Marktplatz, der seinem südlichen Bruder in Gemütlichkeit, Ansehnlichkeit und Atmosphäre weit voraus ist. Kein Wunder also, dass sich hier besonders Bars, Cafés und Bistros angesiedelt haben. Ob im Franchise-Café ›Extrablatt‹, in der Tapas-Bar ›La Tasca‹ oder im ›Café-Central‹, hier findet sich für jeden ein Plätzchen. Meine Empfehlung ist jedoch ein Flensburger Original: das Kritz. Gelegen in einem wundervollen Eckhaus, bietet das kleine, helle Café von morgens bis abends eine überschaubare, aber feine Auswahl an Speisen, ein gemütliches Ambiente und das bunteste Publikum der Stadt. Von Schülern über Studenten, junge Familien, Angestellte in der Mittagspause, Einzelgängern mit Buch und Kaffee bis hin zur älteren Generation scheint sich hier jeder wohl zu fühlen. Im Sommer bieten die vielen Tische im Freien meist ausreichend Sitzplätze, doch in den kälteren Jahreszeiten kann eine Reservierung nicht schaden, denn das Kritz ist eigentlich immer voll – zu Recht.

> **Tipp**
>
> Das Kritz ist zu jeder Tageszeit einen Besuch wert, doch besonders das **VIELFÄLTIGE FRÜHSTÜCK** zum Selbstzusammenstellen sollte niemand missen.

KRITZ, DER TREFFPUNKT IN FLENSBURG VON ALT UND JUNG, VON FAMILIEN UND SINGLES, VON MÜSSIGGÄNGERN UND ARBEITERN.

PHÄNOMENTA /// NORDERSTRASSE 157 – 163 /// AM NORDERTOR ///
24939 FLENSBURG /// 04 61 / 14 44 90 /// WWW.PHAENOMENTA.COM ///

Die Phänomenta, eine Schau aus Naturwissenschaft und Technik, nahm ihren bescheidenen Anfang in einem restaurierten Kaufmannshof. Ihr Erfolg führte zum Anbau moderner Räumlichkeiten, in denen erstaunliche Experimente und Effekte aus Naturwissenschaft und Technik gezeigt werden.

MITMACHEN, LERNEN, SPASS HABEN

Eigentlich ist die Phänomenta ein klassisches Museum, nur stellt sie keine Bilder, Skulpturen, Artefakte oder andere Kunst und Kultur aus. Sie hat sich auf Wissenschaft und Technik spezialisiert, ähnlich wie das Deutsche Museum in München. Der Vergleich ist etwas gewagt. Die Phänomenta ist viel kleiner, dafür aber übersichtlicher und weniger strapaziös.

Die Phänomenta hat ein erklärtes Ziel: Sie sollen nicht nur schauen, sondern mitmachen. Probieren Sie selbst, wie stabil eine Brücke aus Bauklötzen ist. Fühlen Sie, wie leicht sich ein Betonklotz mit dem Flaschenzug bewegen lässt. Staunen Sie (oder auch nicht), wie viel Energie Sie erzeugen müssen, um einen Fernseher zu betreiben.

> Die Phänomenta ist **DAS IDEALE ZIEL** für Familien mit schulpflichtigen Kindern, Schülergruppen und für alle, die neugierig und wissbegierig geblieben sind.
>
> **Tipp**

Die Absicht der Väter der Phänomenta ist, dem Besucher über das Mitmachen ein Gefühl und in Folge davon ein Verständnis für Natur und Technik zu vermitteln. Deswegen ist Anfassen nicht nur erlaubt sondern erwünscht. Das macht Spaß und neugierig auf mehr. Über 150 Experimente vermitteln Ihnen überraschende Einsichten und haarsträubende Erfahrungen.

PHYSIK ZUM WUNDERN UND STAUNEN. ANFASSEN UND SELBST EXPERIMENTIEREN IST NICHT NUR ERLAUBT, SONDERN ERWÜNSCHT.

Den eigenen Körper als Stromleiter zu benutzen, sollte man im Alltag nicht unbedingt ausprobieren. Hier sollten Sie das tun. Hinterher werden Sie um eine einzigartige Erfahrung reicher sein. Optischen Täuschungen sind wir im Alltag öfter unterlegen. Das ist nichts Neues. Aber wie Sie durch Geschicklichkeit und Konzentration Ihre Sinne schärfen können, das ist schon verblüffend.

Am Schluss verlässt man das Science Center fasziniert von Erlebnissen der ganz besonderen Art. In Begleitung von Familie und Freunden macht der Besuch doppelt so viel Spaß.

GUT FREIENWILLEN /// FREIENWILLEN 14 /// 24977 LANGBALLIG ///
0 46 36 / 97 76 14 /// WWW.FREIENWILLEN.DE ///

1433 wurde dem ersten Besitzer des Gutshofes gestattet, nach eigenem Willen zu schalten und zu walten. Auch heute noch macht Freienwillen seinem Namen alle Ehre. In der Boutique von Kerstin Hansen-Paulsen dürfen Sie nach Lust und Laune stöbern. Genießen Sie die Ruhe dieses wunderschönen Ortes.

EIN BESUCH AUF DEM LANDE

Es wirft ein bezeichnendes Licht auf die Menschen im Norden, dass sie sich nicht scheuen, besondere Wege zu gehen. Das Gut Freienwillen und seine Hausherrin Kerstin Hansen-Paulsen sind ein Beispiel dafür.

Der Landsitz Freienwillen ist alt. Es wird sogar behauptet, er sei das älteste erhaltene Gutshaus in Nordangeln. Das mag sein. Es hat Geschichte, das sieht man ihm schon von außen an. Aber Nutzung und Wohnkomfort sind neuzeitlich und modern. Der Urenkel des Bauern Wilhelm Hansen, der den Hof Anfang des letzten Jahrhunderts erwarb, bewirtschaftet das Gut. Es ist inzwischen zu einem landwirtschaftlichen Großbetrieb gewachsen.

> Offen für **SINNIGES**, Schönes, Land und Leute. Gute Mode für gute Frauen. Freienwillen lädt ein zum besinnlichen Shoppen in traumhafter Umgebung.

Tipp

An die Vergangenheit als dänisches Jagdschloss erinnert noch der Hausgraben, der den Hof umschließt. Das weißgeschlämmte Haupthaus betritt man über eine Freitreppe und einen laubenartigen Überbau vor dem Eingangsportal. Im linken Flügel hat die Hausherrin ihre Boutique mit dänischer Mode und Accessoires eingerichtet.

Expresso, Container, Lysgaard, Etui, Odd Molly sind die Marken, die Kerstin Hansen-Paulsen präsentiert. Wer Geschmack an skandinavischer Mode und Design hat, der findet bei ihr, was das Herz begehrt.

Seit Anfang 2010 ist Gut Freienwillen größer geworden. Im Krusehof der Rotenstraße in Flensburg hat Kerstin Hansen-Paulsen ein zweites Standbein bekommen. Ihr Shop heißt

SCHÖNER KANN EIN BESUCH AUF DEM LANDE NICHT SEIN.

›Zwei gut‹ und führt das gleiche Sortiment und die gleichen Labels wie Gut Freienwillen. Ganz gleich, ob beim Bummeln durch die schönste Straße Flensburgs oder bei einem Spaziergang auf dem Land, die Damen erwarten ausgesuchte Mode und hübsche Accessoires für alle Anlässe.

STIFTUNG SCHLOSS GLÜCKSBURG /// SCHLOSSALLEE ///
24960 GLÜCKSBURG /// 0 46 31 / 44 23 30 ///
WWW.SCHLOSS-GLUECKSBURG.DE ///

Das Schloss Glücksburg (dänisch: Lyksborg Slot) ist einer breiteren Öffentlichkeit durch das Fernsehen bekannt geworden. Die Soap-Opera ›Der Fürst und das Mädchen‹ wurde hier gedreht. Das Schloss gehört heute einer Stiftung, die Geld für den Erhalt des Schlosses erwirtschaften muss. Das bedeutende Renaissanceschloss ist für Besucher offen.

DIE WIEGE EUROPAS

Im Volksmund wird das Schloss ›die Wiege der europäischen Königshäuser‹ genannt. Dieser Beiname findet seine Begründung in der Zeit, in der Herzog Johann der Jüngere von Schleswig-Holstein-Sonderburg-Glücksburg das Schloss hatte bauen lassen und in der Folge Söhne und Töchter des herzoglichen Geschlechts Gründer verschiedener Fürstenhäuser wurden. Noch heute empfängt der Schlossherr gelegentlich, z.B. anlässlich adeliger Hochzeiten, Besuch aus allen Königshäusern Europas.

> **Tipp**
>
> Das Schloss ist eine der **BEKANNTESTEN SEHENSWÜRDIGKEITEN** Schleswig-Holsteins. Es beherbergt heute ein Museum und ist für Besucher zugänglich. (Öffnungszeiten: Mai bis Sep tägl. 10 – 18 Uhr. Im Winter Sa./So. 11 – 16 Uhr).

Der Bau des Schlosses am Ende des 16. Jahrhunderts steht ganz im Zeichen der damals gebauten Herrenhäuser in Schleswig-Holstein. Historisch gesehen, war er ein wichtiges Bindeglied im Gesamtstaat Dänemark. Begründet durch ein Mitglied des dänischen Königshauses, gleichzeitig Herzog von Schleswig-Holstein-Sonderburg-Glücksburg, ist das Schloss, mit einigen Unterbrechungen, im Eigentum der herzoglichen Familie geblieben. Heute gehört es einer Stiftung. Es ist im wahrsten Sinne des Wortes ein schönes Beispiel kultureller Verbundenheit zwischen Dänemark und Deutschland. Es nimmt eine Ausnahmestellung in der Kunstgeschichte des Landes ein und gibt den Kunsthistorikern noch immer Rätsel auf, und damit natürlich auch Arbeit.

Schloss Glücksburg ist ein beliebtes Ausflugsziel für Besucher aus nah und fern geworden. Das Rosarium im Schlossgarten ist eine besondere Attraktion, die im Sommer viele Besucher anzieht und immer neue Bewunderer findet. Im Schlosscafé können Sie sich eine Pause gönnen.

DIE WIEGE DER EUROPÄISCHEN KÖNIGSHÄUSER

Wenn Sie richtig hungrig geworden sein sollten, gibt es im Restaurant im Schlosskeller Gelegenheit, Hunger und Durst zu stillen.

STRANDHOTEL GLÜCKSBURG /// KIRSTENSTRASSE 6 /// 24960 GLÜCKSBURG ///
0 46 31 / 6 14 10 /// WWW.STRANDHOTEL-GLUECKSBURG.DE ///

Das Strandhotel ist ideal für einen Kurzurlaub an der Flensburger Förde: Golfen in der einzigartigen Landschaft aus Hügeln und Meer, Segeln in den Gewässern der dänischen Südsee, eine Dampferfahrt, eine Shoppingtour, kulinarische Gaumenfreuden aus der prämierten Hotelküche, Kulturerlebnisse oder einfach ein paar erholsame Tage am Meer.

DAS WEISSE HAUS AN DER FÖRDE

Das Hotel hat eine bewegte Vergangenheit. Es wurde 1872 errichtet und danach von sehr illustren und erlauchten Gästen aufgesucht. 1890 speiste Kaiser Wilhelm hier, als er mit der kaiserlichen Jacht in der Flensburger Förde aufkreuzte. Das Menü muss von einiger Opulenz gewesen sein. Als zur Neueröffnung des Hotels 2002 die Speisefolge noch einmal aufgelegt wurde, soll das Ereignis bei den Teilnehmern auf ein enthusiastisches Echo gestoßen sein. Das sagt jedenfalls die Geschäftsleitung. Leider war ich nicht dabei.

Tipp

Exzellente Küche in angenehmer Umgebung. Von Terrasse und Speisesaal hat man gleichermaßen einen **TRAUMHAFTEN BLICK** auf die Flensburger Innenförde.

Nach einem Brand musste der Betrieb für eine Weile eingestellt werden. 1914 war Wiedereröffnung. Später berichtet die Chronik nur noch von illustren Gästen. Thomas Mann und sein Verleger Samuel Fischer haben 1919 im Hause eine längere Auszeit von dem anstrengenden Leben in München und Berlin genommen. Über erlauchte Gäste schweigt sich die Chronik aus.

Vorübergehend war das Haus im Besitz der Evangelischen Kirche, bis es 2000 als Strandhotel Glücksburg wiedereröffnet wurde. Der dänische Investor Olav Damkier Classen erwarb 2006 das Hotel und modernisierte es mit viel Geld und gediegenem Geschmack.

Die exquisite Kunst von Küchenchef André Schneider hat sich herumgesprochen. Er kocht auf hohem Niveau. Seine Küche bleibt aber ›auf dem Teppich‹ und überzeugt durch frische Produkte und originelle Zubereitung. Die Freunde guter Küche werden gerne wiederkommen.

SPEISEN SIE AUF EINEM LOGENPLATZ AN DER FLENSBURGER FÖRDE.

Auch für ›Passanten‹ ist die Restauration des Strandhotels eine gute Adresse. Ein Glas Wein auf der Terrasse, ein Stück Kuchen und eine Tasse Kaffee im Kaminzimmer, ein Bier an der Bar, für jede Gelegenheit gibt es hier ein adäquates Angebot, das auch die verschiedensten Geschmäcker auf überzeugende Art befriedigen kann.

A. BISCHOFF GMBH /// GOTTORFER DAMM 1 /// 24837 SCHLESWIG ///
0 46 21 / 2 33 19 /// WWW.SCHLEISCHIFFFAHRT.DE ///

Die Schlei ist ein beliebtes Segelrevier und ein wichtiges Naherholungsgebiet für die nahe Landeshauptstadt Kiel und die Großstadt Hamburg. Die gute Autobahnanbindung durch die A7 begünstigt die Anreise.

SL-EI 40

Die Schlei ist zwar eine Förde, sieht aber aus wie ein Fluss. Schon allein ihre Länge (40 km) legt den Vergleich nahe. Da sie sehr flach ist, fiel sie für tiefer gehende Schiffe als Handelsstraße aus. Wirtschaftlich ist sie deswegen – von der Wikingerzeit abgesehen - nie von der Bedeutung gewesen wie andere Förden an der Ostseeküste. Die Stadt Schleswig am Ende der Schlei war nie als Handelsplatz oder Hafen wichtig.

Das hat sich mit der gesellschaftlichen Entwicklung in der Neuzeit geändert. Natur und Freizeit haben einen höheren Stellenwert bekommen. Die ruhige Schleilandschaft mit vielen Wiesen, Hügeln, Nooren und Halbinseln bietet für naturnahe Freizeitaktivitäten beste Bedingungen: Segeln, Paddeln, Rudern, Wasserwandern, Schwimmen, nichts, was hier nicht über lange Monate im Jahr möglich ist.

Auch passionierte Angler haben das Revier entdeckt. In der Schlei schwimmen Brassen, Plötzen, Zander, Hechte, Heringe (Kappelner Bückling), Aale, Barsche, Lachse und Schleie. Eine biologische Besonderheit ist der Schleischnäpel, ein Fisch, der mit Forelle und Maräne verwandt ist. Der kommerzielle Fischfang ist an der Schlei so gut wie ausgestorben. Die letzten Schleifischer haben im Holm in Schleswig ihre jahrhundertealte Tradition bewahrt, während andere Standorte wie Kappeln, Arnis, Missunde und Sieseby ihre Bedeutung eingebüßt haben. Bis vor rund hundert Jahren war die Fischerei an der Schlei ein wichtiger Erwerbszweig. Seit Oktober 2008 ist die Region um die Schlei als Naturpark Schlei anerkannt.

Am Ostseezugang, bei Schleimünde, entsteht auf dem Gelände des ehemaligen Marinestützpunktes Olpenitz ein Freizeit- und Feriencenter, das für Segler und andere Interessenten Bootsliegeplätze und Ferienwohnungen (und -häuser) bereithält. Der direkte Zugang zur Ostsee ohne die Anfahrt über die Schlei ist für Hochseesegler sehr attraktiv.

> **Tipp**
>
> Eine Schiffstour mit der ›WAPPEN VON SCHLESWIG‹ auf der Schlei ist das i-Tüpfelchen einer Reise in die Region. Von Schleswig bis Schleimünde und zurück ist man gut 9 Stunden unterwegs.

EINE SELTEN GEWORDENE IDYLLE: WASSER, WIESEN, STÄDTE UND STÄDTCHEN IN NAHEZU UNBERÜHRTER NATUR.

STIFTUNG SCHLESWIG-HOLSTEINISCHE LANDESMUSEEN SCHLOSS GOTTORF ///
24837 SCHLESWIG /// 0 46 21 / 81 30 /// WWW.SCHLOSS-GOTTORF.DE ///

Das größte Schloss Schleswig-Holsteins war im Besitz des dänischen Königshauses und der schleswigschen Herzöge. Nach der Annexion des Gottorfer Anteils des Herzogtums Schleswig durch Dänemark 1713 diente das Schloss als Sitz des dänischen Statthalters in Schleswig, anschließend wurde es als Kaserne genutzt. Heute ist es ein Museum.

WO GESCHICHTE GESCHRIEBEN WURDE

Schloss Gottorf (niederdeutsch/dänisch Gottorp) spielte in der Geschichte Schleswig-Holsteins und in der Auseinandersetzung mit Dänemark eine bedeutende Rolle. Das Schloss hat in seiner über 800-jährigen Geschichte vielfältige Veränderungen erfahren, bis es seine heutige Form als Barockschloss beibehalten hat.

Aus dem Haus Schleswig-Holstein-Gottorf gingen gekrönte Häupter hervor, unter anderem vier schwedische Könige und mehrere russische Zaren.

Das Schloss diente den Bischöfen aus Schleswig als Festung, überstand mehrere dänische Angriffe und ist heute der Hauptsitz der ›Stiftung Schleswig-Holsteinische Landesmuseen‹. Unter seinem Dach haben das Landesmuseum für Kunst- und Kulturgeschichte und das Archäologische Landesmuseum eine adäquate Bleibe gefunden.

> **Tipp**
>
> Neben den ständigen Schauen beherbergt Schloss Gottorf auch **WECHSELNDE AUSSTELLUNGEN** moderner Künstler (2010 eine große Heckel-Retrospektive und Georg Tappert-Zeichnungen 1904 – 1940).

Die Museen werden von einem pädagogischen Programm begleitet. Erklärtes Ziel des Projektes ist es, einen Blick hinter die Kulissen zu gestatten und ein tieferes Verständnis für die Geschichte der Exponate zu gewinnen. Die Angebotspalette reicht von Museumsgesprächen über Essen und Trinken im Mittelalter

BEDEUTENDSTER UND SCHÖNSTER BAROCKBAU IN SCHLESWIG-HOLSTEIN

(ein ritterliches Bankett, Dauer 3 Stunden) bis zum Fest im Barock, einer Geburtstagsfeier für Kinder ab acht Jahren in Barockkostümen.

Wenn Sie nach einem Rundgang durch die Ausstellungen müde sind, ist im Schlosskeller Gelegenheit, sich bei Kaffee und Kuchen zu erholen. Sollte das Wetter mitspielen, gibt es für ein Picknick im Schlossgarten den Gottorfer Korb, gefüllt mit feinen Köstlichkeiten und einer Flasche Wein.

**OSTSEEFJORD SCHLEI GMBH /// GESCHÄFTSSTELLE PLESSENSTRASSE 7 ///
24837 SCHLESWIG /// 0 46 21 / 85 00 50 /// WWW.OSTSEEFJORDSCHLEI.DE ///**

Der Holm ist ein alter Stadtteil Schleswigs. Er liegt direkt an der Schlei und war Heimat der Schleifischer. Von der Fischerei konnten sie in der Neuzeit nicht mehr leben. Sie mussten ihr Handwerk aufgeben. Die Idylle der alten Siedlung konnte erhalten werden und ist heute ein Anziehungspunkt für Touristen.

FILMREIF

Wenn Sie auf dem Holm spazieren gehen, werden Sie von der Ruhe und Idylle der alten Fischersiedlung gefangen genommen. Von den harten Bedingungen, unter denen die Fischer ihrem Beruf nachgingen, und von den harten Zeiten mit kargem Auskommen ist nur noch wenig übrig geblieben.

Ein Teil der Häuser hat einen unmittelbaren Zugang zur Schlei. Heute liegt an den Stegen das eine oder andere Ruderboot, das zu einer Spazierfahrt oder einer Angeltour einlädt. Ein paar Lokale und Cafés sind in den alten Häuschen untergekommen und werden gerne von den vielen Schaulustigen besucht.

Dennoch hat der Holm seinen Charakter nicht völlig verloren. Alte Traditionen wurden in die Neuzeit mitgenommen und werden weiter gepflegt. Dazu gehört die Holmer Beliebung, eine Totengilde, die ihre Mitglieder auf dem Friedhof im Zentrum der Siedlung kostenfrei bestattet. Nur Mitgliedern wird das Recht auf eine Grabstelle eingeräumt. Die Örtlichkeit hat auch den Gefallen von Film- und Fernsehschaffenden gefunden. Sie haben ihn mehrfach als Kulisse für ihre Arbeiten genutzt. Ihre Fantasien schufen ›Die Fischer vom Holm‹ und auch den ›Landarzt‹, eine ZDF-Serie, die eigentlich in Kappeln zu Hause ist. Die Landärzte machten den Holm kurzer Hand zu einem dänischen Flohmarkt. Es gibt sicherlich Schlimmeres, als zur Kulisse für den Dreh von Soap operas zu werden. Ich weiß nicht, ob das den Holmern gefallen hat. Bei den Dänen bin ich mir auch nicht so sicher.

> **Tipp**
>
> Von der A7 fährt man von Norden an der Anschlussstelle Schleswig Schuby (Abfahrt 5) und von Süden an der Anschlussstelle Schleswig Jagel (Abfahrt 6) ab. Direkt am **SCHLESWIGER HOLM** gibt es keine Parkplätze. Man kann allerdings am Stadthafen (kostenlos) oder an der Straße ›Am Hafen‹ parken.

**URALTES FISCHERIDYLL.
EIN BESUCH LOHNT SICH!**

›Freue dich deines Lebens, es ist schon später, als du denkst.‹ Unter diesem Motto entsteht am Ufer der Schlei in Schleswig ein einzigartiges Wohnviertel. Neueste Erkenntnisse aus Soziologie, Gerontologie und Architektur verschmelzen zu einem gelungenen Konzept modernen Wohnens.

EINE NEUE ART ZU LEBEN

›Nicht da ist man daheim, wo man seinen Wohnsitz hat, sondern da, wo man verstanden wird.‹ Was Christian Morgenstern schon zu seiner Zeit erkannt hatte, ist in der Gegenwart zum Konzept für die Gestaltung eines ganz neuen Stadtteils in Schleswig geworden. Der Spiritus Rector des Projektes ›Auf der Freiheit‹ ist die Unternehmerin Susanne Schöning. Wer den ersten Bauabschnitt gesehen hat und die weiterführenden Pläne zu diesem urbanen Dorf an einem reizvollen Uferabschnitt der Schlei in unmittelbarer Nähe des alten Domviertels und unweit des Stadtzentrums studiert, versteht, was die Frau begeistert. ›Hier möchte ich selbst leben‹, ist die Devise, nach der sie und die Investorengruppe ›Team Vivendi‹ ihr Engagement ausrichten.

> **Tipp**
>
> Zu Hause mit Leib und Seele: **WOHNEN** Auf der Freiheit.

Der Name ›Auf der Freiheit‹ ist keine Erfindung von Marketingspezialisten. Seit dem Mittelalter heißt das Stück Land an der Schlei ›Auf der Freiheit‹ oder ›An der Freiheit‹. Es diente als Sommerfrische für die Schleswiger, bis die Wehrmacht ihnen ihren Badeplatz wegnahm. Das Gelände blieb auch nach dem Krieg in der Hand der Militärs und wurde erst 2003 im Zuge der Neuorientierung der Verteidigungspolitik aufgegeben. Die Stadt suchte dann

SEI SELBST DIE VERÄNDERUNG, DIE DU DIR WÜNSCHST FÜR DIESE WELT.

für das 56 Hektar große Sahnestück einen Investor mit einem modernen Bebauungskonzept. Das ›Team Vivendi‹ um Susanne Schönig überzeugte schließlich die Stadtväter mit ihrem Konzept vom Generationen übergreifenden Wohnen ›Auf der Freiheit‹.

Die Lage ist ideal: in unmittelbarer Nachbarschaft zum Dom, nur wenige Minuten zu Fuß bis ins Zentrum der Stadt, eine Uferpromenade und einen Badestrand vor der Haustür und das A.P. Møller-Gymnasium (dänisch) auf dem Hinterhof. Ein Segelhafen, Tennisplätze, Therme mit Gesundheitszentrum und ein Hotel sind in Planung.

WEIN-QUARTIER-NO.7 /// LOLLFUSS 81 /// 24837 SCHLESWIG ///
0 46 21 / 38 21 39 /// WWW.WEIN-QUARTIER.DE ///
WWW.DAS-SCHOENE-GESCHÄFT.DE ///

Wer einen besonderen Wein sucht, sei es für das Grillfest auf der Terrasse (z.B. einen Riesling oder einen Ursprung von Markus Schneider, gut, aber nicht zu teuer), sei es für ein romantisches Tête-à-tête mit der Angetrauten oder der Freundin (Champagner Roederer Cristal, auserlesen und seinen Preis wert), der wird bei Oliver Küster im Wein-Quartier-No.7 fündig werden.

WEINHÄNDLER AUS PASSION

Die Nordfriesen, die Angeliter, die Nord- und Südschleswiger sind nicht gerade dafür bekannt, Wein zum Essen oder in Gesellschaft zu trinken, schon gar keinen guten Wein. Eher sind sie berüchtigt für exotische Knaller wie Pharisäer, Angler Muck, Gele Köm, Rum-Grog oder Bommerlunder. Von diesen herben Getränken hat nur der Pharisäer eine gewisse Berühmtheit erfahren, aber nicht seiner einzigartigen Originalität wegen, sondern in erster Linie wegen der netten Anekdote, die sich um seine Namensgebung rankt. Es geht da um einen Pastor, der sich um den Alkoholkonsum seiner Gemeindeschäfchen sorgt. Wer möchte, kann darüber Näheres im Internet erfahren.

> **Tipp**
>
> Trinke Gutes & rede darüber. Das ist das Motto des Wein-Quartier-No.7 in Schleswig. Für den hohen Norden Deutschlands eine Adresse, die sich jeder **AFICIONADO AL VINO** merken sollte.

Die Wikinger sind eher für ihr Bier bekannt. Die Flensburger Brauerei vertreibt das Bier in der Flasche mit dem Plopp sehr erfolgreich, nicht nur in Deutschland, sondern sogar in Namibia und Südafrika, wovon ich mich selbst überzeugen konnte.

Es ist schon deswegen eine Erwähnung wert, dass es in Schleswig einen Weinhändler gibt, der in vielerlei Hinsicht eine Ausnahme darstellt. Nicht nur, dass Jan-Oliver Küster, ein studierter Hotelbetriebswirt, in renommierten Hotels und Restaurants gelernt und gearbeitet hat,

FÜR WEINLIEBHABER DIE ADRESSE IM HOHEN NORDEN

auch auf Kreuzfahrtschiffen hat er Erfahrungen gesammelt und sich ein breites Spektrum an Wissen in Bezug auf Wein angeeignet. Wenn man ihn in seinem kleinen Laden besucht, so sprechen aus jeder Flasche, aus jedem Satz, den er zu seinen Lieblingen zu sagen weiß, Zuneigung und Passion für die verfeinerte Lebensart und Tischkultur.

In der Fußgängerzone Schleswigs hat sich der Kornmarkt zu einem beliebten Treffpunkt entwickelt. Er ist Ausgangspunkt für einen Bummel durch die Schleswiger Fußgängerzone, vom Gallberg bis zur Langen Straße. Form und Farbe der Gebäude sind sehr unterschiedlich, aber für Schleswig typisch. Im Sommer herrscht auf dem Platz ein buntes Treiben, das anregend und ansteckend ist.

SHOPPEN IN SCHLESWIG

Sind Sie schon einmal in ein Geschäft gegangen, das ›Elementenhain‹ oder ›formamente‹ heißt? Auf dem Kornmarkt werden Sie dieses Erlebnis nachholen können. Natürlich gibt es auch Läden, deren Namen aus anderen Städten bekannt sein könnten: Woll-Sievers, Eiscafé Lemke, Reuther's Café & Musikshop oder Schlachter Lausen, bei dem man sich mit einer Bratwurst, einem belegten Wurstbrötchen oder einer Fleischsuppe stärken kann. Allerdings legen Namen wie ›Die Suppenbar‹ (selbstredend), ›Haarspalterei‹ (Friseur), ›Schuhwerk‹ (selbstredend), ›Coffea‹ (tunesische Kaffeestube) oder ›Stilart‹ (Mode und schöne Dinge) Zeugnis dafür ab, dass sich am Kornmarkt ein besonderes Völkchen eingefunden hat. Es wäre zu viel zu behaupten, man könne hier ein gelungenes MultiKulti-Modell besichtigen. Dazu ist es wohl doch zu klein, zu begrenzt und zu idyllisch. Aber man spürt doch den Hauch von sympathischer Globalisierung in dieser äußersten Ecke von Deutschland. Überhaupt ist es immer wieder überraschend zu erleben, wie gerade dort, wo man es nicht unbedingt vermutet, nämlich in der Provinz, Gemeinschaften unterschiedlichster Menschen, Kulturen und Religionen friedlich zusammenleben und sich entwickeln.

> **Tipp**
>
> Bunt, abwechslungsreich, interessant, leicht, locker, Kaffee, Kuchen, Eis und Bier, Leute aus nah und fern, deutsch, dänisch, türkisch, englisch, **TISCHE DRAUSSEN**, Tische drinnen: das ist der Kornmarkt in Schleswig.

DIE ›GUTE STUBE‹ SCHLESWIGS

Der Kornmarkt ist ein besonderer Platz. Im Sommer meint man, im tiefen Süden zu sein, vorausgesetzt, die Sonne scheint (auf die müssen Sie im hohen Norden bisweilen etwas länger warten!). Im Winter sitzen Sie im Coffea hinter dem breiten Panoramafenster, eine Tasse heißen Kaffee vor sich, und beobachten das Leben vor dem Fenster, wie es an Ihnen vorbeifließt. Auch Menschen in Windjacken, unter Regenschirmen und in Gummistiefeln haben ihren Reiz.

STILART/TINA MOLLER FRICKE /// KORNMARKT 1 /// 24837 SCHLESWIG ///
0 46 21 / 29 07 29 /// WWW.DAS-SCHOENE-GESCHAEFT.DE/STILART.HTML ///

Der Mensch lebt nicht vom Brot allein, er will auch gut gekleidet sein. Dieser simple Reim gilt vor allem für Frauen. Bisweilen ist ihr Wünschen so heftig, dass er uns Männern lästig wird. Aber wenn wir ehrlich sind, dann kann das weibliche Trachten nach Schönheit, Kleidsamkeit, Stil und Form sehr anregend und unterhaltsam sein. Damit das so bleibt, dafür ist ›Tinas Stilart‹ da.

LEBENSKÜNSTLERIN AUS DÄNEMARK

Tina stammt aus einer Künstlerfamilie und ist Künstlerin, vor allem Lebenskünstlerin. Sie kommt aus dem hohen Norden Dänemarks, aus Hjorring, ein paar Kilometer südlich von Skagen. Mit 17 verließ sie ihr Elternhaus, nicht aus Zorn, Frust oder mangelnder Elternliebe, sondern aus Lust nach dem Leben in der Fremde, im Süden, wo andere Leute lebten, anders gesprochen und anders gearbeitet wurde. Nach vielen Jobs in Restaurants, Designstudios und Firmen machte sie

> **Tipp**
>
> Designermode und -schuhe, Wohn- und Modeaccessoires:
> - Lambert
> - Azizi
> - Day Birger Mikkelsen
> - Nør Denmark

schließlich doch noch eine richtige Ausbildung zur Handelskauffrau, erprobte sich sieben Jahre lang als Vertreterin dänischer Topdesigner und machte 2006 ihren eigenen Laden in Schleswig auf.

So leicht und locker das klingt, so leicht und locker kommt sie ihrer Kundschaft entgegen. Stilart bietet alles, was das weibliche und männliche

INDIVIDUELLE MODE UND WOHNBEDARF AUS DÄNEMARK UND HOLLAND

(?) Herz begehrt: Kleider, Schuhe, Schmuck, Vasen, Lampen, Gläser, Skulpturen, kurz, lauter Dinge, die das Leben schöner machen. Darunter fallen besonders die farbenfrohen Gemälde ihrer Schwester Jane Möller-Jensen auf, die eine besinnliche Heiterkeit und tiefgründige Lebenslust ausstrahlen.

Tina bevorzugt Designer aus Dänemark, Holland und Deutschland. Sie besucht die einschlägigen Messen, und die Auswahl, die sie dort trifft, beeindruckt selbst Männer wie mich, ohne hoch entwickeltes Faible für Mode, Schmuck und Accessoires.

Es ist schwer, mit Tina nicht ins Gespräch zu kommen. Es ist nahezu unmöglich! Ihr dänischer Charme und ihr sympathischer Akzent tun ein Übriges. Wenn Sie ihr Geschäft verlassen, haben Sie nicht nur etwas Hübsches gekauft, sondern ein Erlebnis gehabt, woran Sie sich gerne erinnern werden.

Der St. Petri Dom zu Schleswig ist in seiner Architektur und in seiner Dimension einzigartig in Schleswig-Holstein. 1963 erhielt der Dom seine große Marcussen-Orgel. Der Hauptwerkprospekt der Orgel stammt bereits aus den ersten Jahren des 18. Jahrhunderts. Heute wartet die Orgel auf eine gründliche Sanierung. Spenden sind herzlich willkommen.

HERRSCHER ÜBER DER STADT

Wenn Sie, von der A7 kommend, nach Schleswig hinein fahren, erhebt sich der Dom aus seiner städtischen Umgebung wie ein gewaltiger Monolith aus Backstein und patiniertem Kupfer. Gegenüber, am Ende der Schlei, ist ihm in den 70er-Jahren mit dem Vikingturm ein Konkurrent erwachsen. Was die Planer des Wohnturms mit Segelhafen bewegt haben mag, ich weiß es nicht. Wahrscheinlich war es Geld, der Treibstoff so vieler Untaten. Man könnte auch auf die Idee kommen, dass die Planer von der unübersehbaren Herrschaft

> Der Westturm des Doms kann bestiegen werden. Sie erwartet ein grandioser Blick auf Stadt und Land, den Hafen und den neuen Stadtteil ›AUF DER FREIHEIT‹.

Tipp

des Doms durch ein unübersehbares weltliches Zeichen ablenken wollten. Der Versuch ist missglückt. Der Dom zieht die Blicke wie magisch an und ist weiterhin lebendiger Mittelpunkt der Stadt. Die regen Aktivitäten des Domkapitels wirken nicht nur in die Gemeinde, sondern breiten sich aus über Stadt und Land und erfreuen sich großer Beliebtheit. Die regelmäßig stattfindenden Konzerte tragen dazu ebenso bei wie die stattliche Sammlung sakraler Kunst, die der Dom beherbergt. Darunter verdient der Brüggemannaltar besondere Aufmerksamkeit.

DER SCHLESWIGER DOM, EIN EINZIGARTIGES MONUMENT NORDDEUTSCHER BACKSTEINGOTIK.

Er wurde im 17. Jahrhundert aus Bordesholm in den Dom überführt. Er zieht Bewunderer aus aller Herren Länder an. In der Vorweihnachtszeit ist der Schwahlmarkt (schwal – niederdeutsch-dänisch: kühler Gang), ein Weihnachtsmarkt im Prozessionsgang des Doms, Anziehungspunkt für Besucher aus nah und fern.

Öffnungszeiten:
Mai – September
sonntags: 13:30 – 17:00 Uhr; montags – samstags: 9:00 – 17:00 Uhr
Oktober – April
sonntags: 13:30 – 16:00 Uhr; montags – samstags: 10:00 – 16:00 Uhr

Wundern Sie sich nicht, wenn Ihnen im ODINs ein lebendiger Wikinger entgegenkommt. Das historische Gasthaus liegt unweit der ehemaligen Handelsmetropole der Wikinger in Haithabu (www.schloss-gottorf.de). Wikinger haben großen Hunger und wissen, wo sie ihn stillen können. Draußen und drinnen gibt es eine Speisen- und Getränkekarte, die keine Wünsche offenlässt.

WO WIKINGER SPEISEN

Haben Sie jemals gedacht, und wenn ja, auch daran geglaubt, dass es bayerische Wirtshauskultur auch außerhalb Bayerns geben kann? Ja doch, das gibt es tatsächlich: in Haddeby an der Schlei, gegenüber von Schleswig. Wenn Sie auf der A7 aus Süden anreisen, nehmen Sie die Abfahrt Schleswig-Jagel. Nach wenigen Kilometern sehen Sie den Vikingturm und den Schleswiger Dom vor sich. Dann zweigen Sie ab auf die B78 nach Eckernförde. Das erste Dorf, in das Sie kommen, ist Haddeby. Die Menschen sprechen hier zwar nicht bayerisch, die Serviererinnen tragen keine Dirndl und die Gemälde an der Wand zeigen nicht den Watzmann, das Wendelsteingebirge oder die Alpen bei Garmisch. Die Ölgemälde, die hier an den Wänden hängen, zeigen Windjammeridyllen, eine stolze Viermastbark und Segelschoner in grober See. Aber der große Biergarten, die Vikingerschänke, der Speiseraum und ganz besonders die Besucher(zahlen) drängen einem den Vergleich mit Bayern geradezu auf. Der Eindruck verstärkt sich, sobald man die Speisekarte studiert. Es gibt da unter vielen norddeutschen Gerichten tatsächlich auch Leberkäs mit Nudelsalat und Eisbein auf Sauerkraut. Darüber hinaus ist erwähnenswert, dass auch Vollwert- und vegetarische Kost serviert werden.

TRADITIONELLE WIRTSHAUSKULTUR IM NÖRDLICHSTEN NORDEN VON DEUTSCHLAND.

> **Tipp**
>
> Reservieren Sie! Wenn nicht, werden Sie es mit großer Wahrscheinlichkeit bereuen. Öffnungszeiten: montags bis sonntags von 7 bis 23 Uhr, ab 7 Uhr frisches **FEINHEIMISCHES** Bäckerfrühstück

   Das ODINs gibt es seit 1828, damals ein Dorfkrug vor den Toren Schleswigs. Auferstanden aus Ruinen im Jahre 2009 ist es zu einem der beliebtesten Ausflugsziele im Norden geworden.

Eckernförde ist besonders: sowohl traditionsbewusst als auch zukunftsorientiert Vielleicht kann man das von anderen Städten auch behaupten. Aber in Eckernförde liegt es in der Luft, man kann es an jeder Ecke riechen. Die Stadt ist nicht groß (gut 20.000 Einwohner), hat aber Power, wie man auf Neudeutsch sagt.

KLEINE STADT MIT GROSSER POWER

Wer das Branchentelefonbuch aufschlägt, wird feststellen, dass in Eckernförde und Umgebung auffallend viele ›neue‹ Berufe zu finden sind. Dienstleister, die den Menschen helfen, sich selbst und den Nächsten zu finden, sich gesund zu ernähren, umweltbewusst zu leben und nicht Raubbau an der eigenen Person zu treiben. Coaching, Wellness und Gesundheitsmanagement sind Schlagwörter, die die Richtung weisen, in die es gehen soll. Die Stadtverwaltung hat ein Technik- und Ökologiezentrum eingerichtet, das Existenzgründerinnen und Existenzgründern Starthilfe auf dem Weg in die Selbstständigkeit anbietet. Eckernförde hat deswegen viele

> **Tipp**
>
> Eckernförde wird eingeschlossen von der Ostsee und vom **WINDEBYER NOOR**. Strand, Einkaufsstraßen und Binnensee liegen also nahe beieinander. Der Hafen schließt direkt an die Innenstadt an. Hier finden die Sprottentage (Juli) oder das Piratenspektakel (August) statt.

Menschen von auswärts angezogen, die mit dieser Richtung sympathisieren, nicht nur Berufler, sondern auch Ruheständler und Privatiers, die einen guten Ort zum Leben suchen. Die Stadt und ihre Gewerbetreibenden haben sich darauf eingestellt. In der Fußgängerzone finden Sie viele Läden, Lädchen und kleine Lokale, viel Bio, fair trade, ein bisschen Dritte Welt und Multi kulti: Eine sehr lebendige Mischung, die auf den Besucher abfärbt. Schon vorher ist Eckernförde durch Vielsprachigkeit aufgefallen.

EINE STADT MIT VIELEN SPRACHEN UND KULINARISCHEN SPEZIALITÄTEN. EIN STADTBUMMEL IST EIN ERLEBNIS.

Neben der Amtssprache Hochdeutsch werden auch Dänisch (vor allem in Sydslesvigdansk, einer Variante des Reichsdänischen) und Plattdeutsch (überwiegend im Schwansener Platt, einem Kleindialekt des Schleswigschen) gesprochen. Eckernförder Amtssprache war bis etwa 1350 Latein, danach Plattdeutsch, seit 1625 Hochdeutsch.

RESTAURANT DOMKRUG /// KIELER STRASSE 4 /// 24340 ECKERNFÖRDE ///
0 43 51 / 28 61 /// WWW.DOMKRUG.DE ///

Eckernförde hat sich in Schleswig-Holstein den Ruf einer lebendigen Gemeinde mit moderner, aufgeschlossener Lebensart erworben. Dennoch spürt man an jeder Ecke die traditionellen Wurzeln, die bewusst gepflegt und in die Weiterentwicklung integriert werden. Der Domkrug ist ein schönes Beispiel dafür.

MITTENDRIN EIN GASTHAUS

In Eckernförde lässt es sich angenehm bummeln und einkaufen. Aber irgendwann macht auch eine angenehme Beschäftigung müde und man sieht sich um, wo man ausruhen und den Hunger und Durst stillen kann. Wenn Sie einen Platz suchen, der dafür bestens geschaffen ist, dann sollten Sie in den Domkrug einkehren. Das gemütliche Lokal im historischen Fachwerkhaus liegt zentral im Fußgängerbereich der Innenstadt.

Im Sommer kann man auch an den hübsch dekorierten Tischen draußen, auf dem Marktplatz vor der St. Nikolaikirche, Platz nehmen. Sollte es jemandem zu kühl werden, liegen Wolldecken parat.

> **Tipp**
>
> Es gibt viele Gründe, Eckernförde zu besuchen. Der Domkrug ist einer davon. In behaglichem Ambiente und ruhiger Atmosphäre wird eine schmackhafte **REGIONALE UND SAISONALE KÜCHE** gepflegt. Das Restaurant ist täglich geöffnet.

Das Ehepaar Kohrt steht für eine sympathische norddeutsche Gastlichkeit und kredenzt seinen Gästen eine gutbürgerliche Schleswig-Holsteinische Küche. Es gibt neben der normalen Speisekarte in der Saison auch eine Spargelkarte, die z.B. eine sehr interessante Kombination von Spargel und Büsumer Krabben bereithält, dazu Waldhimbeeren, Balsamessig, Haselnussöl und Knoblauch-Baguette. Natürlich kommt im hohen Norden Fisch auf den Tisch, und den sollte man sich im Domkrug nicht entgehen lassen. Selbst wenn Sie danach satt und zufrieden sind, die selbstgebackenen Torten sind ein Grund, alle vernunftgesteuerten Einwände in den Wind zu schlagen. Sie sind eine Sünde wert.

NACH SIGHTSEEING, SHOPPING ODER EINFACH NUR SO: NORDDEUTSCHE KÜCHE UND GASTLICHKEIT ZUM AUSSPANNEN.

Wenn Sie Glück haben und gerade zum richtigen Zeitpunkt in Eckernförde sind, können Sie einen Wine and Crime-Abend im Domkrug miterleben. Das Abendmenü wird von ausgesuchten Weinen aus dem Wein-Quartier-No.7 begleitet.

NORDSEEKÜSTE

Nordsee ist Mordsee, so lautet eine alte, geschichtenschwere Weisheit unter Seeleuten und Küstenbewohnern, die seit Generationen an der See zu Hause sind und im rauhen Klima hinter den Deichen ihre Heimat gefunden haben. Das ist in seiner Verallgemeinerung natürlich nicht wahr, sonst wären die Orte und Inseln an der Nordsee im Sommer (und inzwischen auch immer öfter im Winter) nicht für so viele Menschen das Ziel ihrer Sehnsucht nach Urlaub, nach frischer Luft, nach Weite, Ruhe und Entspannung. Aber könnte es nicht auch sein, dass gerade der Funken Wahrheit in der alten Überlieferung die besondere Attraktivität der Nordseeregion ausmacht?

DAS BESTE AM NORDEN

Viele wissen mehr oder weniger von dem regen Schiffsverkehr auf der Nordsee oder haben zumindest davon gehört. Die Gefahren, die von der Schifffahrt und den Bohrplattformen in der Nordsee ausgehen, sind Gegenstand vieler alarmierender Artikel und warnenden Beiträge in den Medien gewesen.

REGER SCHIFFS-VERKEHR

Die dicht befahrenen Seewege führen von Elbe, Weser, Jade und Ems durch die Deutsche Bucht in den Ärmelkanal und dann weiter in den Atlantik.

Wenn man auf den riesigen Stränden vor Rømø, auf dem Westerheversand vor St. Peter-Ording oder auf dem großen Knipsand vor Amrum in Wind und Wetter spazieren geht, dann denkt man nicht an Wirtschafts- und Energiepolitik oder gar an Zivilisationskatastrophen. Alle hektische Betriebsamkeit fällt von einem ab und das Fernweh packt zu. Seewärts gibt es außer dem Meer nichts, was das Auge stören könnte, nur Weite, einen unendlichen Himmel, vielleicht einen Krabbenkutter oder eine Fähre. Landein grüßen hinter Deichen und Dünen ein einsamer Leuchtturm, ein paar Windräder, ein Kirchturm, ein Gebäude, das ein oder andere

RIESIGE STRÄNDE WECKEN FERNWEH

Reetdach. Und auf einmal steht es neben dir, das Gefühl, dem man sich nicht entziehen kann. Der Mensch wird ruhig, vielleicht auch unruhig, er kommt zu sich selbst, ihn befällt eine Ahnung davon, was er ist, mag sein, auch von dem, was er sein könnte und was er sein möchte. Ich kenne wenige Orte, an denen Ähnliches passiert.

Der Name Nordsee stammt aus dem Mittelhochdeutschen und geht wahrscheinlich zurück auf die Benennung des Meeres durch die an der südlichen Küste ansässigen Friesen. Aber auch aus der Sicht der deutschen

Hansestädte war das Meer im Osten die Ostsee und das Meer im Norden die Nordsee. Bedingt durch die Verbreitung des von den Hansekaufleuten genutzten Kartenmaterials setzte sich dieser Name allmählich europaweit durch. Daneben gebräuchliche Namen waren lange Zeit Mare Frisicum, Oceanus Germanicus bzw. Mare Germanicum oder Westsee, und in Dänemark, das östlich der Nordsee liegt, wird bis heute der Name Vesterhavet (dt. Westmeer) gleichberechtigt neben Nordsøen genutzt. Beides ist gebräuchlich. Gelegentlich wird in historischen Dokumenten auch die Bezeichnung Deutsches Meer gebraucht.

Namen sind Schall und Rauch, die Nordsee ist raue Wirklichkeit, die Fischerei kann ein Lied davon singen. Der harte Arbeitsalltag auf dem Meer hält nur noch die ganz zähen Männer bei der Stange. Die rückläufigen Fischbestände tun ein Übriges. Dennoch ist die Fischerei an den Küsten Englands, der Niederlande, Deutschlands und Dänemarks immer noch so bedeutend, dass sie regelmäßig für Schlagzeilen sorgt. Die Überfischung der Nordsee ist ein Dauerthema. In der EU streiten sich die Anrainerstaaten um Fangquoten, Fangtechniken, Fanggründe und Subventionen. Die Existenzsorgen treiben die Krabbenfischer in den deutschen Nordseehäfen mit schöner Regelmäßigkeit zu Demonstrationen auf die Straße. In letzter Zeit wird auch gegen die off-shore-Windparks demonstriert. Die Schifffahrt fürchtet um die Sicherheit auf den Seewegen und in den Küstengewässern.

NORDSEETOURISMUS
Tel 0 18 05 - 06 60 77 jeden Tag
von 8:00 bis 21:00 Uhr
www.nordseetourismus.de

Info

Nur über ein Thema wird nicht gestritten: Das Wetter und die Wettervorhersage sind für alle Beteiligten gleich interessant und gleichermaßen wichtig. Die Zusammenarbeit der Wetterdienste aus den verschiedensten Ländern ist international organisiert und klappt beispielhaft. In diesem Bereich gibt es auch keinen Namenssalat. Die Seegebiete der Nordsee sind übereinstimmend definiert und ihre Bezeichnung von allen akzeptiert.

Bleibt zum Schluss noch der Tourismus zu erwähnen. Für die Menschen an der Nordsee wird er immer wichtiger. Die Küsten halten heutzutage ausnahmslos eine hoch entwickelte Infrastruktur für Erholungssuchende bereit. Dies gilt insbesondere für den Küstenabschnitt zwischen Ribe und St. Peter-Ording, der zu meiner engeren Heimat gehört. Jeder Geschmack kann hier befriedigt werden. Ob es ein Luxusferienhaus in den Dünen von Rømø ist oder ein Wohnwagenstellplatz in St. Peter-Ording, ein Gourmettempel in Rantum auf Sylt oder Gosch in List, das A-Rosa Grand Spa Resort in List auf Sylt oder das Landhaus Laura auf Föhr, die Auswahl ist riesengroß und die Preisspanne auch. Die folgenden Seiten geben Ihnen einen Eindruck davon.

St. Peter-Ording ist in Deutschland das Mekka für alle Sportler, deren Leidenschaft das Strandsegeln und Kitesurfen ist. Am Ordinger Strand gibt es optimale Bedingungen für die Ausübung ihres Sports. Alljährlich findet hier ein Kitesurf World Cup statt, von dem gemunkelt wird, dass es das weltweit größte Event dieser Art ist. Die spektakulären Wettbewerbe lockten und beeindruckten in den letzten Jahren bis zu 130.000 Zuschauer.

SAIL AND SURF THE BEACH

Strandsegeln geht nur auf glattem, endlosem Untergrund und einem ordentlichen Wind. Davon gibt es vor St. Peter-Ording genug. Abgesehen von ein paar Ostfriesischen Inseln, ist hier wohl die einzige Chance in Deutschland, diesen Sport mit Spaß und Freude ausüben zu können. Nur ein paar Kilometer weiter, auf Rømø in Dänemark, findet man ähnlich gute Bedingungen.

Strandsegler sind enge Segelboote auf Rädern. Sie erinnern an Seifenkisten mit drei Rädern, Mast und Segel. Puristen und Extremkiter sind manchmal nur in unverkleideten Rohrrahmen unterwegs. Im Winter werden die Räder gegen Kufen ausgetauscht und zu Eisseglern. Hier oben bei uns im Norden passiert das nur selten. Die Winter sind in der Regel nicht danach. Die Steuerung der Kisten erfordert Geschick. Bei böigem Wind geraten sie schon mal aus der Balance. Und böiger Wind ist bei uns eher die Regel als die Ausnahme. Manche Kiter ersetzen das Segel durch einen Lenkdrachen.

Kitesurfen wird immer beliebter, zumal dieser Wassersport leichter zu erlernen ist als z.B. Windsurfen. Im Vergleich ist die Ausrüstung günstiger und kompakter. Anfänger und Profis finden in St. Peter-Ording gleichermaßen optimale Bedingungen vor. Weltweit gibt es zurzeit – nach Schätzungen von Experten und der Industrie – ca. 500.000 Menschen, die diesen Sport regelmäßig betreiben. Abgesehen davon, ermöglicht kein anderer Wassersport eine so umfangreiche Vielfalt an Sprüngen und Tricks.

> **Tipp**
>
> Für Strandsegler und Kite-Surfer ein **PARADIES** für die Ausübung ihres Sports. Genug Wind gibt es (fast) immer. Ob immer genug Sonne scheint, darüber gehen die Geschmäcker auseinander.

STRANDSEGELN UND KITESURFEN VOR ST. PETER-ORDING: EIN FASZINIERENDES ERLEBNIS FÜR AKTIVE UND ZUSCHAUER.

St. Peter-Ording liegt im äußersten Westen der Halbinsel Eiderstedt und somit meistens im Zustrom reiner, frischer Meeresluft. Winde aus westlichen Richtungen herrschen an der Nordsee vor. Der Gehalt an Salzen und Aerosolen und der Mangel an Allergenen in der Meeresluft ist nachgewiesen. Viele Allergiker und Bronchialasthmatiker hat es deswegen an die Küste gelockt. Hier geht es ihnen besser.

HOTEL MIT PFIFF

St. Peter-Ording hat sich unter Urlaubern und Freunden der Nordseeküste einen guten Ruf erworben. Wer sich hier erholen will, ist im Haus Windschur bestens aufgehoben. Das Hotel kennzeichnet eine sympathische Besonderheit: Es ist ein barrierefreies Ausbildungshotel des Theodor-Schäfer-Berufsbildungswerkes Husum, das sich die Qualifikation junger Menschen mit Handicap zur Aufgabe gemacht hat.

Dies ist wahrscheinlich auch der Grund, weswegen besonderer Aufwand bei der Haustechnik (Fahrstühle, selbstöffnende Türen

Tipp

Ob Sie im Sommer **BARFUSS** durch Salzwiesen, Kiefernwälder oder die Dünenlandschaft streifen, oder im Winter dick vermummt dem Wind und der tosenden See trotzen – hier erleben Sie die Natur von ihrer ursprünglichen Seite.

etc.) betrieben und große Sorgfalt auf die Ausstattung (helle, freundliche Farben, Naturmaterialien) gelegt worden ist. Auch der körperlich eingeschränkte Gast kann sich nach Maßgabe seiner Behinderung selbstbestimmt bewegen. Der Atmosphäre im Hotel tut das sehr gut. Dazu kommt die freundliche Aufmerksamkeit des Personals. Man merkt ihm

BARRIEREFREIES, FEINES HOTEL UNMITTELBAR AM STRAND

eine sehr gute und intensive Schulung an, die Wert darauf legt, ein professionelles Berufsethos zu erzeugen. Als Gast fühlen Sie sich gerne angenommen, ob nun mit oder ohne Handicap. Der Aufenthalt im Windschur, nur ein paar Schritte entfernt von der Dünenkette und den langen Bohlwegen über den glatten Sandstrand ans Wasser, bedeutet Wohlbefinden und pure Erholung.

Das Angebot an guten Restaurants und Cafés am Ort ist groß. Wer gerne spazieren geht und nach dem Essen einen Verdauungsgang schätzt, dem seien besonders die für St. Peter-Ording typischen Pfahlbauten ganz weit draußen am Strand und nah am Meer empfohlen.

JAN'S RESTAURANT /// INHABER: JAN TIMM /// BÖHLER LANDSTRASSE 153 /// 25826 ST. PETER-ORDING /// 0 48 63 / 47 86 67 /// WWW.JANS-RESTAURANT.COM ///

Jan Timm ist der Koch in Jans Restaurant. Nicht nur seine Küche ist leicht und modern, auch das Ambiente seiner Gaststube unter einem imponierenden Reetdach. Unter gleichem Dach findet man die 5-Sterne-Appartments der ›Böhler Brise‹. Eine attraktive Kombination.

RESTAURANT HART AM WIND

Weit weg vom Trubel der touristischen Zentren St. Peter Bad und St. Peter-Ording liegt Jans Restaurant inmitten der Ruhe des Dorfes Böhl und nahe am Golfplatz. Die erholsame Wohnlichkeit des Ortsteiles verträgt sich gut mit seinen naturgebundenen Qualitäten. Jenseits des Deiches erstrecken sich Salzwiesen. Der flache Strand davor lädt zu ausgedehnten Spaziergängen und Ausritten ein; in direkter Nachbarschaft erwarten im Westküstenpark rund 800 Haus- und Wildtiere Ihren Besuch. Als buchstäblich hervorragendes Wahrzeichen von Böhl gilt der auf dem Deich errichtete Leuchtturm, der – historisch korrekter – allerdings zu Süderhöft gehört.

JANS KONZEPT: Ein modernes Interieur in einem modernen Haus unter traditionellem Reet. Dazu ein moderner Dienstleistungsanspruch, der kein ›Geht nicht‹ kennt, sondern nur Antworten auf irdische Wünsche. Der Gast soll sich hier wohlfühlen.

Tipp

Jans Restaurant ist unter Reet gebaut wie viele andere Häuser in Böhl auch, aber es gehört sicherlich zu den jüngsten, modernsten und größten in der Umgebung. So ist auch das Konzept der Bewohner und Nutzer des Hauses. Jan Timm verwöhnt den Gast mit einer jungen, frischen Küche. Natürlich verarbeitet er die Schätze, die er vor der Haustür findet, also Meerestiere aus der Nordsee und Salzwiesenschafe von den Deichen. Die Steaks kommen aus Argentinien und werden auf dem Lavastein gegrillt. Auch die Weinkarte kann sich für norddeutsche Verhältnisse sehen lassen

**MEERESTIERE, DEICH-
LAMM, ARGENTINISCHE
STEAKS, HIER KÖNNEN
SIE DAS ALLES GENIESSEN.**

(ca. 40 Weine). Bis auf den Champagner Veuve Clicquot Brut gibt es fast alle Weine auch im Ausschank. Im Sommer sitzt man auch sehr gut draußen im Garten. Allerdings nur, wenn der Wind nicht zu stark ist. Große Landhausschirme sorgen für genügend Schatten, in dem man Speisen und Getränke lange genießen kann.

Am grauen Strand, am grauen Meer
Und seitab liegt die Stadt,
Der Nebel drückt die Dächer schwer
Und durch die Stille rauscht das Meer
Eintönig um die Stadt.

Es rauscht kein Wald, es schlägt im Mai
Kein Vogel ohn Unterlass;
Die Wandergans mit hartem Schrei
Nur fliegt in Herbstesnacht vorbei,
Am Strande weht das Gras.

Doch hängt mein ganzes Herz an Dir,
Du graue Stadt am Meer,
Der Jugend Zauber für und für
Ruht lächelnd doch auf Dir, auf Dir
Du graue Stadt am Meer.

›DIE STADT‹

Diese Zeilen schrieb Theodor Storm, ein Lyriker und Schriftsteller, der
Fontanes Lieblingsdichter war und für den Thomas Mann bemüht war,
›nichts auf ihn kommen zu lassen, was auf Bürgernor- **STORMS STADT**
malität oder -sentimentalität, auf seelisches Philister-
tum hinausliefe‹. Er war ein Husumer und ist der berühmteste Sohn der
Stadt geworden. Storm ist aus Husum einfach nicht wegzudenken (siehe
auch Theodor-Storm-Haus).

Dennoch hat die Stadt noch weitaus mehr zu bieten. Vor allem ist sie
selten grau. Wenn zu Frühlingsbeginn im Park des Schlosses unter alten
Bäumen nahezu vier Millionen zart-violette, gelbe und blaue Wildkro-
kusse blühen, dann kommt einem diese Far-
ERST SEIT DEM 14. JAHR- be nicht in den Sinn. Im Sommer ist Husum
HUNDERT HAFEN. bunt, freundlich und heiter. Zu dieser Jahreszeit werden auf dem Marktplatz am Binnenhafen unter freiem Himmel Begonien, Blumenkohl, Krabben und Fisch feilgeboten.

Husum war nicht immer Hafenstadt. 1362 überspülte die ›Zweite
Marcellusflut‹ (de grote Mandränke) die Küste Nordfrieslands. Ganze Landstriche gingen unter, darunter auch der sagenumwobene Ort
Rungholt, dessen angeblicher Reichtum auch heute noch die Fantasien
der Menschen an der Küste beflügelt. Die Husumer profitierten von

der Sturmflut. Sie hatten über Nacht einen Zugang zum Meer geschenkt bekommen, den sie geschickt nutzten. Es begann ein reges Markt- und Handelsleben, das sich stetig entwickelte.

Husum wuchs und erlebte seine Blütezeit nach 1867, als die Stadt mitsamt den Herzogtümern Schleswig und Holstein in den Preußischen Staat überging. Dies zeigte sich insbesondere an einer Eisenbahnverbindung, durch deren wirtschaftliche Einflussnahme u. a. einer der größten Viehmärkte Nordeuropas entstand. Der Strukturwandel in der Landwirtschaft führte dazu, dass 1970 der Viehmarkt zum letzten Mal stattfand.

HOTELLERIE UND GASTRONO-MIE HABEN EINEN STETIGEN AUFSCHWUNG GENOMMEN. Seitdem hat Husum sich mehr und mehr zum Zentrum eines sich entwickelnden Tourismus in Schleswig-Holsteins Westen, insbesondere auf den Inseln und an der nordfriesischen Küste, gemausert. Viele Großstädter haben in der weiteren Umgebung, in den Dörfern und auf den Köögen hinter den Deichen alte und aufgegebene Höfe erworben, haben sie restauriert und zu Feriendomizilen umgebaut. Hotellerie und Gastronomie haben einen stetigen Aufschwung genommen, der europaweit für Aufmerksamkeit und für Sterne und Mützen in renommierten Gastronomieführern gesorgt hat. In Husum kristallisiert sich diese Entwicklung auf eine sympathische Art und Weise. Kraft einatmen, bewegen in frischer Luft und rauem Wetter, zur Ruhe kommen, mit Gelassenheit und Stil genießen, so könnte man das ›Husumgefühl‹ beschreiben. Man muss nicht unbedingt zu Zeiten Theodor Storms in Husum gelebt haben, um seine Dichtung nachempfinden zu können:

Ans Haff nun fliegt die Möwe,
Und Dämmerung bricht herein;
Über die feuchten Watten
Spiegelt der Abendschein.

Ich höre des gärenden Schlammes
Geheimnisvollen Ton,
Einsames Vogelrufen-
So war es immer schon.

Graues Geflügel huschet
Neben dem Wasser her;
Wie Träume liegen die Inseln
Im Nebel auf dem Meer.

Noch einmal schauert leise
Und schweiget dann der Wind;
Vernehmlich werden die Stimmen,
Die über der Tiefe sind.

STORM

THEODOR-STORM-GESELLSCHAFT /// WASSERREIHE 31 /// 25813 HUSUM ///
0 48 41 / 8 03 86 30 /// WWW.STORM-GESELLSCHAFT.DE ///
WWW.HUSUM-TOURISMUS.DE ///

Storm lebte von 1866 bis 1880 in Husum, in der Wasserreihe 31. Das Kaufmannshaus aus dem Jahre 1730 ist für heutige Begriffe sehr geräumig. Storm bewohnte 14 Zimmer! Heute residiert die Theodor-Storm-Gesellschaft in den Räumen. Treppenhaus, Flure, Decken und Türen sind aus der Zeit Storms erhalten.

LITERARISCHE PILGERSTÄTTE

Höre auf, dich zu betrüben,
heitere deinen bangen Sinn!
Will denn keine dich mehr lieben,
eile nur zum Echo hin.
Ruf nur laut: »Wer liebt denn mich?«
Und du hörst ein dreifach: »Ich!«

Wenn man diese Zeilen liest, mag man nicht daran glauben, dass der Dichter Geldprobleme hatte. Oder vielleicht gerade deswegen?

Der dänische König hob Storms Bestallung als Rechtsanwalt wegen ›Renitenz‹, d.h. Widerstand gegen die ›eingesetzte Obrigkeit‹, am 22. November 1852 auf. Er war gezwungen, eine Stellung als Assessor am preußischen Kreisgericht in Potsdam anzunehmen, zunächst aber ohne Gehalt. Man mag sich gar nicht vorstellen, dass es solche Zumutungen auch heute noch gäbe. Erst im August 1854 erhielt er Zu-

> **Tipp**
>
> Weltbekannt ist Theodor Storms Novelle ›DER SCHIMMELREITER‹. Die Schauplätze können auf der Entdeckungsreise durch das Schimmelreiter-Land, einem Angebot der Tourismus und Stadtmarketing Husum GmbH, hautnah erlebt werden.

wendungen von 25 bis 40 Reichstalern (heutzutage etwa 1.000 bis 1.600 Euro). Kein Wunder, dass Storm darbte. Er hatte eine sechsköpfige Familie zu ernähren und war angewiesen auf Carepakete aus der Heimat (am 19. Dezember 1853 z.B. bedankte er sich für ein Fass Butter).

FÜR DIE BEWUNDERER DES DICHTERS STORM EIN ABSOLUTES MUSS.

Im Stormhaus gibt es noch viel mehr zu sehen und zu lesen über Storm, über seine Familie, seine Arbeit und seinen Alltag. Was man da erfahren kann, stimmt einen nachdenklich und fördert vielleicht eine realistischere Einschätzung der Gegenwart.

Die Husumer Hafentage sind das größte Volksfest an der schleswig-holsteinischen Nordseeküste. Das maritime Spektakel versammelt alle Jahre wieder bis zu einer Viertelmillion Gäste in der Stadt. ›Mok fast in Husum‹ ist für Tagesgäste, Urlauber und Husumer der Weckruf zu einem abwechslungsreichen Spaßevent rund um den Husumer Hafen.

KUTTER, KORN UND KRABBENBRÖTCHEN

Wer nach Husum kommt, wird sich unwillkürlich fragen, warum Theodor Storm seine Heimatstadt grau gesehen hat. Es gibt sehr wenige Tage im Jahr, an denen das zutrifft. Schon gar nicht für den Hafen. Er ist bunt im besten Sinne des Wortes: farbenprächtig, lebendig und vielseitig, aber nie grell, lärmend und ermüdend. Nur an wenigen Tagen im Jahr geht es etwas lauter und kräftezehrender zu. Die Husumer Hafentage im August sind in Schleswig-Holstein zur Legende geworden, sie sind aber stets das geblieben, was sie ursprünglich sein sollten: in erster Linie ein Volksfest von Husumern für Husumer. Dennoch ist nicht abzustreiten, dass sie auch Teil einer Imagekampagne für die Region geworden sind. Warum auch nicht? ›Das Nordfriesische und das Plattdeutsche kann das gut ab‹, wie man hier oben sagt. Die Gefahr, den ganz besonderen Charme der Stadt, der Region und ihrer Menschen zu verlieren, besteht nicht. Dafür sind Nordfriesen zu kernig, zu eigenwillig und zu erdverbunden. Das haben auch Urlauber und Gäste zu schätzen gelernt. Viele Menschen aus Großstädten

Tipp

5 Tage im August das **GRÖSSTE SPASSEVENT** an der schleswig-holsteinischen Westküste. An den übrigen Tagen ein Ort der Entspannung, Unterhaltung und des Genusses gastronomischer Köstlichkeiten aus norddeutschen und internationalen Küchen.

HUSUMS BUNTE MEILE: KUTTER, KUNST, KNEIPEN UND KÖCHE

wie Hamburg und Berlin haben sich in Nordfriesland eine zweite Bleibe oder einen Altersruhesitz geschaffen.

Fest steht, der Hafen war, ist und bleibt der lebendige Mittelpunkt Husums. Das moderne Rathaus wurde direkt am alten Hafenbecken errichtet. Damals hat das heftige Diskussionen ausgelöst. Viele Husumer meinten, die eigenwillige Architektur des großen Gebäudes passe nicht zum kleinen Hafen. Inzwischen haben sich die Gemüter beruhigt. Das Leben am Hafen hat keinen Schaden genommen.

DRAGSETH'S GASTHOF /// JUTTA SCHUBERT /// ZINGEL 11 /// 25813 HUSUM ///
0 48 41 / 77 99 95 /// WWW.DRAGSETHS.DE ///

Über den Gasthof und seine Vergangenheit gibt es eine Geschichte, die märchenhaft anmutet. Nicht um jedes alte Gebäude ranken sich Märchen und Legenden. Dragseth's Gasthof muss deshalb eine besondere Bedeutung für die Menschen gehabt haben. Wenn Sie Dragseth's Gasthof besuchen, werden Sie das vielleicht verstehen.

UMGEBEN VON JAHRHUNDERTEN

Das Märchen von der Entstehung des ältesten Gasthofes in Husum können Sie im Internet nachlesen. Gesichert scheint zu sein, dass es ihn schon im 16. Jahrhundert gegeben hat. An der Echtheit des Märchens darf man zweifeln, ohne böswillig zu sein. Dennoch ist es eine schöne Geschichte und passt zu dem alten Haus. Es liegt einen Steinwurf weit weg vom alten Husumer Hafen. Parkplätze gibt es in der nahen Umgebung genug (am Rathaus). Im Sommer können Sie draußen in dem ruhigen Innenhof unter Bäumen an Gartentischen Platz nehmen. Drinnen erwartet Sie, was schon zu vermuten war: Gemütlichkeit und gediegene Gaststubenatmosphäre. Man fühlt sich eingeladen und gut aufgehoben. Die Küchenkunst von Olaf Mommsen trägt dazu auf eine überzeugende Art und Weise bei. Der Schwerpunkt liegt natürlich auf den Produkten, die Meer und Deich bereithalten, also Meeresfrüchte, Fisch und Salzwiesenlämmer. Erwähnenswert sind die speziellen Saisonangebote. Im Frühherbst stehen Semmelknödeln in Rahm und Pfifferlingen auf der Tageskarte. Ich erinnere mich gerne daran. Wenn Sie ein typisches Seemannsgericht kennenlernen wollen, das schon zur Legende geworden ist, dann sollten Sie Labskaus mit Bismarckhering, Gewürzgurke und Spiegelei bestellen. Selbst meine Mutter hat das nicht so gut auf den Tisch gebracht. Vielleicht lag das an dem argentinischen Büchsenfleisch, das sie damals verwendete. Die Küche entwickelt eine bemerkenswerte Kunst, Bodenständigkeit mit Modernität, Tradition mit Originalität zu verbinden. Das gilt auch für die Getränkekarte.

Tipp

WO FINDET MAN 4 Lammwürstchen und 2 gefüllte Lammfrikadellen auf Sahne-Sauerkraut mit Kartoffelschnee und dazu einen Rotwein, Estremadura/Portugal, Tinto d'Arada, Soc. Agr. Quinta Santos Lima? In Dragseth's Gasthof.

ORIGINELLE, BODENSTÄNDIGE KÜCHE IN EINEM ALTEN, FREUNDLICHEN GASTHOF

Erneuerbare Energien bilden den Mittelpunkt der Debatte über die Zukunft der Energieversorgung. Windenergie spielt eine immer größere Rolle. Seit 1979 produziert Vestas Windenergieanlagen. Zuerst nur in Dänemark (mit 60 Mitarbeitern), zuletzt weltweit mit über 20.000 Mitarbeitern. In Husum produziert Vestas seit 1986.

DRIVEN BY THE WIND

Ich war mir anfangs nicht sicher, ob ich Vestas zu meinen Lieblingsplätzen rechnen sollte. Streng genommen, ist es kein Platz, an dem ich mich länger aufhalten möchte. Dennoch finde ich, dass er dazugehört. Vestas trägt dazu bei, meine wirklichen Lieblingsplätze zu erhalten. Daran glaube ich. Die Diskussion um die Energieversorgung der Menschheit in der Zukunft ist laut, heftig und kontrovers. Über dem ganzen Getöse scheint mir Folgendes sehr wichtig, festgehalten zu werden: die Menschheit wächst, ihr Energieverbrauch auch, und zwar überproportional. Daran wird sich in absehbarer Zeit nichts ändern. Da muss man sich schon Gedanken machen, aus welchen Quellen die Energie kommen soll.

> **Tipp**
> Vestas ist kein Lieblingsplatz, den Sie besucht haben müssen. Aber Sie sollten wissen, **DASS ES IHN GIBT.**

Windenergie scheint mir eine der friedlichsten und verträglichsten Arten der Energiegewinnung zu sein, auch wenn sich die Stimmen mehren (vornehmlich die in unmittelbarer Nähe von Windkraftanlagen), die Windräder seien zunehmend lästig und strapazierten die Gesundheit. Die Alternativen (von Fotovoltaik einmal abgesehen) sind besorgniserregend. Regenerative Energien werden einen größeren Beitrag zur Energiegewinnung leisten müssen. Das scheint mir so sicher wie das Amen in der Kirche. Ich finde es gut, dass in meiner Heimat ein Unternehmen Windkraftanlagen produziert. Schon allein die reinen Fakten

EIN VORREITER FÜR ERNEUERBARE ENERGIEN

und Zahlen weisen das Unternehmen in Husum als einen bedeutenden Wirtschaftsfaktor in der Region aus. Vestas hat seit seiner Gründung über 40.000 Windkraftanlagen aufgestellt. In Husum arbeiten rund 1.800 Menschen für das Unternehmen. In Deutschland hat Vestas rund 5.700 Windräder errichtet, die rund 7.000 MW Energie erzeugen. Selbst wenn es Einwände gibt – z.B. gegen die Windparks vor der Küste –, bleibt festzuhalten: die Windenergie braucht kein Gorleben. Vestas geht, wie es momentan aussieht, einer rosigen Zukunft entgegen.

Husum hat ein Schloss, was nicht jedem bekannt sein dürfte. Es liegt mitten in der Stadt und ist dennoch eine Oase der Ruhe und Entspannung. Im SchlossCafé genießt man ein historisches Ambiente, im Sommer im Schlosshof, in der kalten Jahreszeit drinnen am Kamin.

CAFÉ EXQUISIT

Unter Deutschlands und Dänemarks Schlössern ist das Husumer Schloss nicht berühmt geworden. Warum nur? Es ist ansehnlicher als manch andere, unansehnlichere Berühmtheit. Nur die Krokusblüte auf den Schlosswiesen erfreut sich überregionaler Beliebtheit. Sie führt am ersten Wochenende im März zu Massenbesuchen. Das Grün der Wiesen ist zu dieser Zeit einem dichten Krokusblütenteppich gewichen.

Das SchlossCafé ist nicht nur während der Krokusblüte, sondern auch über das übrige Jahr gut besucht. Das liegt neben dem Angebot an köstlichen Kuchen, kleinen Gerichten und Getränken in erster Linie aber an dem bemerkenswert freundlichen, aufmerksamen und engagierten Personal.

Ähnlich wie das Hotel Haus Windschur in St. Peter-Ording ist das SchlossCafé ein Lernort, an dem junge Menschen mit Handicap sich für einen Beruf qualifizieren können. Und ähnlich wie im Windschur sorgt das Bemühen um Professionalität für eine Gastlichkeit, wie ich sie mir wünsche und wie ich sie immer wieder gerne in Anspruch nehme. (Das Theodor-Schäfer-Berufsbildungswerk betreibt auch das Restaurant und Gästehaus Seebüll und das Café Brütt in Husum).

Tipp

Eine der besten Möglichkeiten in Husum, sich nach einem Spaziergang auf dem Deich oder durch die Stadt zu erholen und es sich gut gehen zu lassen. Öffnungszeiten:
Di. – Fr.: 9 – 18 Uhr
Sa. – So.: 10 – 18 Uhr
montags Ruhetag

HAUSGEMACHTE KUCHEN, KÖSTLICHER KAFFEE UND EIN WOHLTUENDES AMBIENTE. DAS FINDET MAN IM SCHLOSSCAFÉ HUSUM.

Im SchlossCafé können Sie sehr gut frühstücken. Mittags gibt es kleine Gerichte und eine ansprechende Auswahl gepflegter Getränke. Nachmittags werden Sie natürlich von einem Sortiment exquisiter Kuchen verführt. Ab und an öffnet das Café auch abends, z.B. anlässlich eines Adventskonzerts.

PUSTE

BLUM

PUSTEBLUME /// INH. MONIKA MICHELSEN /// NEUSTADT 36 /// 25813 HUSUM ///
0 48 41 / 6 47 65 ///

Auf der unteren Neustadt in Husum hat sich eine animierende Einkaufsmeile entwickelt. Eine besondere Attraktion unter den Lädchen ist die ›Pusteblume‹, in der man besondere Mode und Modeaccessoires findet.

EINE BLUME AUF DER UNTEREN NEUSTADT

Die ›Pusteblume‹ ist ein Glanzpunkt in einer Kette von Läden und Lädchen, die sich auf der unteren Neustadt in Husum zusammengefunden haben. Das bunte Ensemble ist für den Besucher anregend und unterhaltsam. Die Geschäftsleute haben sich (vor 13 Jahren!) zu einer Interessengemeinschaft zusammengeschlossen, um ihrer Straße ein Gesicht zu geben und ihr einen lebensfrohen und freundlichen Geist einzuhauchen.

An der Spitze stehen als Ideengeber, Initiatoren und Macher die Damen Monika Michelsen und Claudia Beliaeff. Sie organisieren im Frühling das Krokusblütenfest, im Sommer ein Kleinkunstfestival und im Winter ein Lichterfest am 3. Advent, allesamt namhafte Feste für Besucher und Freunde der Straße.

> **Tipp**
>
> In der Vorweihnachtszeit findet auf der unteren Neustadt ›WEIHNACHTEN WIE FRÜHER‹ statt. Es gibt Weihnachtsbäckerei und Weihnachtsschmuck nach traditioneller Art zu kaufen. Die Schaufenster werden nach Motiven alter Märchen dekoriert, die die Kinder erraten müssen.

Von der Straßenseite gibt sich Monika Michelsens First and Secondhand-Laden unauffällig und ist nur durch die Auslagen in den Fenstern zu erkennen. Die niedrige, im friesischen Stil gehaltene Holztür passt eher zu einem der vielen altehrwürdigen Häuser der Hafenstadt. Innen betritt man dann auch die gute Stube des Hauses. Ein kleiner Schreibtisch dient als Kassentresen, davor lädt ein Sofa aus

SHOPPEN UND BUMMELN IN HUSUM: AUF DER UNTEREN NEUSTADT EIN BESONDERES VERGNÜGEN.

dem Antiquitätenladen zum Sitzen ein, auf einer alten Kommode sind wenige, schöne Wohn- und Modeaccessoires ausgestellt. Die Regale in den Räumen sind übersichtlich und zurückhaltend. An den Holzbalken hängen ausgesuchte Schals und Tücher. In der Pusteblume möchte man länger verweilen. Neben dem Second-Hand-Geschäft bietet Monika Michelsen neue Mode von jungen, noch nicht so bekannten Modemachern an. Auch die Erzeugnisse der Labels Narli und Crea sind unter dem Sortiment tragbarer Mode auf hohem Level zu haben.

RATSKELLER HUSUM /// GROSSTRASSE 27 /// 25813 HUSUM ///
0 48 41 / 77 99 16 /// WWW.RATSKELLERHUSUM.COM ///

Der Ratskeller Husum ist an die 400 Jahre alt. Natürlich ist er in neuerer Zeit restauriert und für seine jetzige Bestimmung als Restaurant hergerichtet worden. Das ist gut gelungen. Das alte Gewölbe geht mit frischen Farben und modernem Mobiliar eine angenehme Symbiose ein. Das Gleiche gilt für die Küche, die im Ratskeller serviert wird: traditionelle Gerichte – modern interpretiert.

KELLER OHNE DUNKLE ECKEN

Versetzen Sie sich für einen Augenblick in einen Urlauber an einem warmen Sommertag in Husum. Vielleicht hat er den Tag draußen am Meer verbracht, vielleicht war er auf den Halligen unterwegs oder hat einen Ausflug zu den nahen Inseln Pellworm, Sylt, Amrum oder Föhr gemacht. Mag sein, er ist den Tag über in Husum geblieben, hat sich im Nordseemuseum umgeschaut, ist am Hafen und in der Stadt bummeln gewesen und hat eine Kleinigkeit für seine Lieben eingekauft. Jetzt ist er leicht erschöpft, er will aus der Sonne, die Beine schmerzen. Was nun? Er sieht sich nach einem Plätzchen um, wo er sich gut aufgehoben fühlt und sich erholen kann. Jetzt ist er reif für den Ratskeller.

> **Tipp**
>
> Mitten in Husum, am Marktplatz, das Lokal für eine Pause, ein gutes Essen und GEPFLEGTE GETRÄNKE.

Ein paar Stufen hinunter, schon taucht man ein in ein kühles Gewölbe. Gedämpft scheint die Sonne durch ein paar Kasemattenfenster und hüllt den Gastraum in ein angenehmes Licht. Tische und Stühle sind rustikal und wie für ein Gewölbe geschaffen. Man wird freundlich begrüßt. Auf den mit Platzsets und Stoffservietten eingedeckten Tischen stehen einige Hinweise auf spezielle Angebote des Tages.

EIN GUTER PLATZ NACH EINEM STRANDTAG, NACH BUMMELN ODER SHOPPEN

Die Karte ist übersichtlich. Man bestellt z.B. von der Tageskarte Gebratenes Rotbarschfilet an heller Fetasoße, Tomatensalat und Butterkartoffeln, dazu wählt man einen Schoppen 2007 Hill & Dale Stellenbosch Sauvignon Blanc, trocken. Können Sie sich vorstellen, wie wohl man sich nun fühlt, selbst wenn man kein Fischesser ist und lieber Wasser trinkt? Sollten Sie dazu gehören, werden Sie trotzdem im Ratskeller immer etwas finden, was Ihnen schmecken wird.

Übrigens, auch im Winter ist man in Husums Ratskeller ähnlich gut aufgehoben wie im Sommer.

Bredstedt ist kein Touristenmagnet. Über Bredstedt gibt es nichts Weltbewegendes zu berichten, nicht einmal etwas, was Sie unbedingt wissen müssten. Der Ort ist ruhig, das Leben auf den Straßen unaufgeregt. Viele sagen, Bredstedt sei verschlafen. Ich sage: Bredstedt gefällt mir.

LOST IN NORDFRIESLAND

Von Bredstedt behauptet man hinter vorgehaltener Hand, es sei die heimliche Hauptstadt Nordfrieslands. Als ich Bredstedt kennenlernte, fragte ich mich unwillkürlich, wie es dazu gekommen sein mochte. Der Ort ist keine Stadt. Und unter einer Hauptstadt stelle ich mir etwas ganz anderes vor. Immerhin führt die Stadt ihre Gründung auf das Jahr 1231 zurück. Will man aber von Landgewinnungsprojekten, Eindeichungsvorhaben, Großbränden und Sturmfluten einmal absehen, ist im Großen und Ganzen wenig Spektakuläres über Bredstedt zu erfahren. Die Stadt hat seit Kurzem einen verkehrsberuhigten Ortskern und verfügt über einen schönen Marktplatz. Es gibt ein paar nette Kneipen und Geschäfte, einen guten Bäcker und einen hervorragenden Schlachter. Die obligatorischen Verbrauchermärkte, Baumärkte und Baumschulen liegen an der Peripherie oder ganz weit draußen. Die Bundesstraße 5 von

> **Tipp**
>
> Von Bredstedt ist es nur einige Kilometer bis zur Hamburger Hallig. Das **AMSINCK HAUS** vor der Hallig ist ein Informations- und Servicegebäude. Hier finden Sie einen Fahrradverleih, Parkmöglichkeiten und eine erlebnisreiche Ausstellung für Jung und Alt.

Husum nach Niebüll führt um Bredstedt herum. Man muss schon genau hinsehen, damit man die Zufahrten in die Stadt nicht verpasst. Selbst an

**DIE HEIMLICHE HAUPT-
STADT NORDFRIESLANDS**

den Markttagen habe ich noch keinen Menschenauflauf, kein Geschiebe und Gedränge erlebt. Die Uhr geht in Bredstedt langsamer. Von Samstagnachmittag bis Montagfrüh scheint sie still zu stehen. Bredstedt macht auf mich den Eindruck, als kümmerte es das Getöse der übrigen Welt nicht und als wolle es auch nicht, dass andere sich um seine Belange kümmern. Das machen seine Bewohner schon unter sich aus. Ab und an ist es nicht zu verhindern, dass einer von ihnen auch außerhalb Bredstedts bekannt wird. Christian Carl Magnussen ist als Maler der Friesen in die Geschichte eingegangen. Der Friesenbarde Fiete Kay war in Bredstedt zu Hause und hat seine Heimat in Liedern und Shantys besungen (u.a. zusammen mit Knut Kiesewetter).

Husum-Venedig in fünf Stunden. Ein Traum? Weit gefehlt. In Bredstedt gibt es eine Firma, die diesen Traum möglich macht. Sie stellt als einzige auf der Welt die Lizenz zum Bau des ›Breezers‹ zur Verfügung, einem Ultraleichtflieger für jedermann. Käufer finden sich inzwischen rund um den Globus.

UP, UP AND AWAY

›Breezer Aircraft‹ baut Ultraleichtflugzeuge in Handarbeit. Die Firma hat ihren Sitz in Bredstedt, der heimlichen Hauptstadt Nordfrieslands. Der Unternehmer Dirk KETELSEN erwarb das Unternehmen 2006, um den Verlust eines deutschen Qualitätsproduktes nach Fernost zu verhindern. Seitdem floriert das Unternehmen.

Ketelsen war begeistert von dem dynamischen und trotzdem gutmütigen Flugverhalten des Breezers. Er erwarb die Lizenz für den Bau des Fliegers und zog mit der Produktion in eine ehemalige Halle des Bundesgrenzschutzes im Gewerbegebiet von Bredstedt. ›Wir wollten einen neuen Qualitätsstandard formen‹, sagt der Unternehmer über den Neuanfang. Dabei galt es, die Regularien und Zertifizierungen der nationalen und internationalen Luftfahrtbehörden zu erfüllen. Der Breezer gilt in der Szene inzwischen als sehr zuverlässig, sicher und einfach zu handhaben. Heute beschäftigt Breezer Aircraft ca. 20 ausgewählte Mitarbeiter. Die Liebe zu ihrem fliegenden Baby hat sie zu einer kleinen Gemeinschaft mit großem Ziel zusammengeschweißt. Ausdruck ihres Engagements ist die Gründung eines Flight Training Centers. Die Flugschule ist dem Werk angegliedert.

> **Tipp**
>
> Wer mit dem **EIGENEN BREEZER** den Himmel stürmen will, braucht mindestens eine Sportpilotenlizenz und 78.000 Euro. Dafür gibt es einen 2-Sitzer plus Stauraum fürs Gepäck und eine Reisegeschwindigkeit von 220 Stundenkilometern.

DER TRAUM VOM FLIEGEN FÜR JEDERMANN

Ein Beweis für die hohe Qualität ist die Zulassung in der ELA-Klasse. Diese erlaubt Flugzeugen mit bis zu 600 Kilogramm Gesamtgewicht zu fliegen und macht aus dem ehemaligen Sportgerät Breezer ein offizielles Flugzeug. Für Breezer Aircraft ist das ein enormer Fortschritt. Volle Auftragsbücher sind der Lohn.

PIZZERIA ALLA STAZIONE /// DORFSTRASSE 28 /// 25842 LANGENHORN ///
0 46 72 / 77 74 10 ///

Was Sie im Alla Stazione erwartet? In meinem ersten Kriminalroman ›Inselkoller‹ habe ich das einmal so beschrieben: ›Abends sollten Sie Ihren Magen nicht strapazieren. Ich empfehle Ihnen einen Salat ›Alla Stazione‹ und in Knoblauch und Olivenöl gebackene Scampi. Dazu gibt es ein köstliches Brot. Lassen Sie sich überraschen!‹ Natürlich gibt es noch mehr auf der Speisekarte. Und alles ist ähnlich gut wie das angepriesene Brot.

›ITALIENER‹ MITTEN IN NORDFRIESLAND

Fährt man von der Ostküste, an der die alte Residenzstadt Schleswig und der einstmals bedeutende Handelsplatz Flensburg an weit ins Binnenland reichenden Fjorden liegen, zur Westküste, nach Nordfriesland, so überquert man in der Mitte den Nord-süd verlaufenden öden Geestrücken und erreicht mit Bredstedt die heimliche Hauptstadt Nordfrieslands. Jenseits dieser gemütlichen Kleinstadt breitet sich nach Westen und Norden flaches, fettes Marschland aus. Die Nordfriesen haben es dem Meer abgerungen und zu einer reichen Ackerlandkultur entwickelt. Die raue und kraftvolle Aura ihres Landes vermittelt ihnen, dass sie unauflöslich mit der Erde verbunden und auf ewig den Elementen und Kräften der Natur ausgeliefert sind.

Das erste größere Dorf in Richtung auf die Fähranleger zu den vor der Küste liegenden Inseln und Halligen ist Langenhorn. Einstmals war Langenhorn eine Bahnstation auf der Strecke Husum/Tondern. Jetzt ist es ein Haltepunkt der Nordostseebahn auf dem Weg nach Sylt. Der alte Bahnhof wurde einer neuen Bestimmung zugeführt und beherbergt nun ein italienisches Restaurant. Ein Ehepaar aus Rumänien bewirtschaftet es. Die beiden konnten ihre Berufe als Kunsthistoriker in ihrer Heimat nicht ausüben. Sie haben sich hier einen Ruf erworben, der über den Ort hinausreicht und ihre Gaststube reichlich füllt. Wenn Sie von einem Tagesausflug auf die Nordfriesischen Inseln oder von einer Wattwanderung nach den Halligen Oland oder Langeneß abends zurück aufs Festland kommen, dann ist ›Alla Stazione‹ der Ort, sich bei Speise und Trank zu erholen, bevor Sie endgültig ins Bett sinken.

> **Tipp**
>
> Die **PIZZERIA ALLA STAZIONE** ist ein schönes Beispiel dafür, dass italienische Küche auch im hohen Norden Deutschlands köstlich sein kann. Das Restaurant ist in weitem Umkreis bekannt und beliebt.

EINEN ABSTECHER WERT.

Nordfriesland ist Durchzugsgebiet der Zugvögel aus Skandinavien in den Süden. Bei Schlüttsiel finden sie in den Süßwasserspeichern hinter dem Deich günstige Bedingungen, um Nahrung aufzunehmen und sich auszuruhen. Außerdem bieten die Speicher auch Brutplätze für seltene oder bedrohte Vogelarten. Für Hobbyornithologen und Profis ein idealer Ort, die Vögel zu beobachten.

DIE VÖGEL

Die Speicherbecken hinter dem Deich bei Schlüttsiel sind künstlich angelegt. Die wasserwirtschaftliche Anlage dient dazu, den Hauke-Haien-Koog vor Überschwemmungen zu schützen. Die Marsch ist schließlich wertvolles Ackerland. Im Laufe der Jahre hat sich an den Rändern Schilf angesiedelt, das vor allem im Südbecken kräftig gedeiht. Der Schilfgürtel ist ein ideales Biotop für Vögel verschiedenster Art geworden. Die Speicher sind eingezäunt und dürfen nicht betreten werden.

Professionelle und Hobbyornithologen finden deshalb in Schlüttsiel einen idealen Ort, ihrer Passion nachgehen zu können. Sie können mit dem Auto bis nahe an die Objekte ihrer Begierde heranfahren. Parkbuchten an der schmalen Straße hinter dem Deich sind ausreichend vorhanden. Schlüttsiel selbst hält einen größeren Parkplatz parat. Sie können aber auch mit dem Fahrrad oder zu Fuß über den Deich von Dagebüll oder Langenhorn/Ockholm das Vogelparadies an den Speicherbecken erreichen.

Tipp

Von Husum zu den **FÄHRANLEGERN** Schlüttsiel und Dagebüll fährt man entlang des Seedeichs. Von der Deichkrone hat man einen fantastischen Ausblick auf die reiche Vogelwelt vor und hinter dem Deich.

EIN PARADIES FÜR HOBBYORNITHOLOGEN

Die Schilfbesiedlung ist inzwischen auf mehrere Hundert Hektar angewachsen. Mit der Ausdehnung des Röhrichts kamen Rohrsänger, Rohrammer, Rohrdommel und Rohrweide. Wasser- und Tüpfelralle sind ebenfalls zu beobachten. Enten und Graugänse gibt es zuhauf.

Nicht zu vergessen sind die Seevögel vor den Deichen. Von der Deichkrone haben sie einen ungehinderten Blick auf das Watt und alle seine gefiederten Bewohner. Für die, die es lieber warm und geschützt haben wollen, gibt es am Fähranleger ein Restaurant über dem Deich. Die Aussicht aufs Watt ist ähnlich gut wie draußen.

RESTAURANT NORDITERAN /// DORFSTRASSE 12 /// 25852 BORDELUM ///
WWW.NORDITERAN.COM ///

Zwei junge Männer sorgen für Furore in der Gastroszene hinter den Deichen. Zu Recht! Schnörkellos, mit Geschmack und Können bieten sie ihren Gästen auf der rechten Seite ihrer Speisekarte klassische regionale, auf der linken Seite eine Handvoll monatlich wechselnder international inspirierter Gerichte an. Hier tobt sich der Küchenchef Malte Peters mal so richtig aus, wie sein Kompagnon Bastian Baumgarten schmunzelnd anmerkt. Das Ergebnis seines ›Tobens‹ ist köstlich.

ZWEI JUNGEN AUS NORDFRIESLAND

Es waren einmal zwei Jungs, der eine aus Bredstedt, der andere aus Bordelum, die hatten einen Traum, was sie später einmal machen wollten. Sie zogen in die Welt und lernten im Borchert in Berlin das Kochen und Restaurantgewerbe. Danach verfeinerte der eine im Restaurant Die Bank bei Fritz Schillig in Hamburg seine Kochkünste, den anderen zog es nach Barcelona, wo er Eventmanagement lernte, anschließend studierte er dann auch noch Hotelbetriebswirtschaft in Hamburg.

Irgendwann hatten die beiden genug und sehnten sich zurück in die Heimat.

Tipp

Die gebratene Scholle und die **CRÈME BRÛLÉE** sind die Renner bei den Gästen. Der offene Rotwein aus der Pfalz überrascht mit ungeahnter Klasse. Telefonische Tischreservierung ist unbedingt anzuraten. Geöffnet ist Mittwoch bis Sonntag ab 18 Uhr.

Sie nahmen das Angebot an, die Kantine einer Waldorfschule in Bordelum zu übernehmen. Das Experiment muss nicht sehr glücklich verlaufen sein, denn bald sannen sie auf Veränderung. Sie mussten nicht lange warten. Die Waldorfschule scheiterte unrühmlich, sie aber blieben und machten aus der Kantine das Norditeran. Im Jahre 2010 wurden sie auch rechtmäßige Eigentümer. Ihr Restaurant gewinnt stetig an Ansehen. Wenn

NORDITERAN HÄLT, WAS DER NAME VERSPRICHT. EXTRAKLASSE IM ÄUSSERSTEN NORDEN!

man das Carpaccio di Cipriani von der linken Seite der Speisekarte, die gebratene Scholle von der rechten Seite und die Crème Brûlée von Vanille an exotischem Fruchtsalat aus dem Dessertangebot genossen hat, weiß man auch, warum. Wenige, aber gute Weine ergänzen das hervorragende Angebot adäquat. Wenn Sie in Nordfriesland nach einem passenden Restaurant für besondere Anlässe suchen, in Bordelum haben Sie es gefunden.

Wenn es das Beste vom Besonderen sein soll, ein originelles und einmaliges Geschenk oder Mitbringsel aus der Welt der Gourmets und Gourmands, dann ist man in Martensens Schlemmerkontor in Niebüll bestens aufgehoben. Ein sinnlicher Genuss für Augen, Nase und Gaumen.

VOM KOLONIALWARENLADEN ZUM GENUSSTEMPEL

Wenn man im Sommer mit dem Auto in Niebüll den Autozug nach Sylt nimmt, wird es mit großer Wahrscheinlichkeit eine Wartezeit geben, die es sinnvoll zu nutzen gilt. Nach der langen Anfahrt hat man vielleicht Verlangen nach einem Cappuccino, einem Latte macchiato oder einem einfachen Kaffee oder es überfällt einen der Appetit auf einen leichten Snack oder ein Stück exquisiter Torte. Das Schlemmerkontor, ein paar Minuten vom Bahnhof entfernt in der verkehrsberuhigten Innenstadt Niebülls gelegen, ist für die Befriedigung dieser Gelüste eine gute Adresse.

Frau und Herr Martensen sind die guten Geister des Kontors. Ab 1956 führte die Familie Martensen einen Kolonialwarenladen nach alter, ehrwürdiger Tradition. Als 1970 die ersten Supermärkte in Niebüll öffneten, änderte sich das Kaufverhalten ihrer Kundschaft. Die Martensens fassten nach langen Überlegungen einen mutigen Entschluss: Am 2. Juli 2009 eröffneten sie einen völlig neu gestalteten Feinkostladen der Premiumklasse und verwöhnen seitdem ihre Kunden mit außergewöhnlichen Köstlichkeiten. Natürlich bekommt man im Schlemmerkontor auch verschiedenste nordfriesische und internationale Käsespezialitäten, aber wer führt sonst noch 250 Whiskeysorten im Sortiment oder kandierte Blütenblätter (nicht nur außergewöhnlich dekorativ, sondern auch sehr schmackhaft)? Gesunde Ernährung, Geschmack und Innovation sind die Eckpunkte des Schlemmer-Konzepts geworden.

In meiner Heimat habe ich (noch) kein zweites Kontor dieser Art gefunden. Wenn ich nicht bei Flensburg wohnte, sondern bei Niebüll, ich glaube, ich ginge mindestens einmal am Tag ins Schlemmerkontor.

> **Tipp**
>
> Nicht nur auf dem Weg nach Sylt eine einmalige Gelegenheit für Feinschmecker, sich mit **DEM BESONDEREN** für Essen und Trinken zu versorgen. Man findet hier auch immer ein außergewöhnliches Geschenk oder Mitbringsel.

DIE ADRESSE IM ÄUSSERSTEN NORDEN FÜR LIEBHABER EXQUISITER SPEISEN UND GETRÄNKE.

CHARLOTTENHOF KULTUR- UND TAGUNGSHAUS /// OSTERKLANXBÜLL 4 ///
25924 KLANXBÜLL /// 0 46 68 / 9 21 00 /// WWW.DERCHARLOTTENHOF.DE ///

1998 gelangte die Gemeinde Klanxbüll durch eine Schenkung in den Besitz des historischen Vierkanthofes. Damals entstand die Idee, den Charlottenhof zur ›kulturellen Perle der Region‹ zu entwickeln. Die Idee ist lebendige Wirklichkeit geworden.

FEINER KULTURTREFF AUF DER WARFT

Der Charlottenhof ist ein Produkt des Engagements von heimatliebenden Menschen. Sie wollten nicht mit ansehen, wie einer der alten Höfe in Nordfriesland aufgegeben und dem sicheren Untergang überlassen werden sollte. Sie erwarben den Hof und steckten viel Arbeit und Geld in die Erhaltung. 1998 schenkten sie den Hof der Gemeinde Klanxbüll.

Heute ist aus dem Hof mit Unterstützung des Landes Schleswig-Holstein und mit Mitteln der Dorferneuerung ein Kultur- und Tagungshaus geworden. Ein Freundeskreis engagiert sich in der Arbeit für den Charlottenhof.

Im Charlottenhof habe ich aus meinem Roman ›Inselkoller‹ gelesen. Zur Vorbereitung kam ich zum ersten Mal auf den Hof und

> **Tipp**
>
> Besonders beliebt sind die Märkte und das **SOMMERPROGRAMM** in den Monaten Juli und August. Hier treffen sich Menschen aus der gesamten Region.

lernte Frau Nissen-Schütt kennen. Sie führte mich über den Hof und erzählte mir seine Geschichte. Danach war der Charlottenhof für mich zu einem meiner Lieblingsplätze geworden.

Der Hof verfügt über mehrere Räume sehr unterschiedlicher Größe und Ausstattung. Von der Silvesterparty mit Liveband bis zum literarischen Kolloquium kann hier alles stattfinden. Im ›Kapitänspesel‹ können

EIN NORDFRIESISCHER VIERKANTHOF WIRD ZUR KULTUR UND TAGUNGSSTÄTTE

Sie sogar heiraten. Für die anschließende Feier steht Ihnen die Scheune mit der gewünschten Gastronomie zur Verfügung. Die Küche ist für die Bewirtung vieler Gäste ausgelegt. Die Kuchen backen die älteren Frauen des Freundeskreises. Die jungen Frauen, die meine Lesung begleiteten und für das leibliche Wohl der Zuhörer mit Kaffee, Kuchen und anderem sorgten, beeindruckten uns alle mit ihrem Engagement und ihrer Freundlichkeit. Wenn Sie über Nacht bleiben möchten, stehen zwei geräumige Ferienwohnungen zu Ihrer Verfügung. Klanxbüll ist ein Haltepunkt der Nordostseebahn nach Sylt.

STIFTUNG SEEBÜLL ADA UND EMIL NOLDE /// 25927 NEUKIRCHEN ///
0 46 64 / 98 39 30 /// WWW.NOLDE-STIFTUNG.DE ///

Emil Nolde ist ein prominenter Vertreter der Malerei des Expressionismus. Die Sprache seiner Bilder ist so einzigartig, dass sie unter den vielen Bilder des Expressionismus sofort ins Auge fallen. Nolde hat in Seebüll gewohnt und gearbeitet. Sein Wohnhaus und Atelier sind heute ein Museum, das seine Werke für die Öffentlichkeit zugänglich macht.

NOLDE TOTAL

Emil Nolde ist eigentlich ein Däne. Er ist im heutigen Dänemark geboren, hatte einen dänischen Pass und lebte lange Zeit in Dänemark. Er gehört auch deswegen dorthin, weil sein Werk in Dänemark überlebt hat. Seine Bilder waren unter den Nazis verfemt, obwohl er mit dem Nationalsozialismus sympathisierte. Sie mussten nach Dänemark gebracht werden, um sie vor der Zerstörung zu bewahren.

Nolde trieb sich lange in der Weltgeschichte herum, bis er schließlich in Seebüll Fuß fasste und zur Ruhe kam. Seine Bilder sind farbenfroh, seine Formensprache für den Betrachter leicht zugänglich. Er hat gerne Blumen, Himmel, Wolken und Landschaften gemalt. Unter den Kunstexperten gibt es Kritiker, die ihm vorwerfen, er bewege sich am Rande zum Kitsch. Das mag

tipp

Für Liebhaber und Kenner der Malerei des **EXPRESSIONISMUS** ist das Noldemuseum in Seebüll ein wirkliches Highlight. Er wird dort Stunden verbringen wollen.

man sehen, wie man will. Fest steht, dass seine Bilder eine weltweite Fangemeinde gefunden haben. Die vielen Kunstfreunde, die vorzugsweise im Sommer mit Bussen von weither anreisen, um seine Bilder zu bewundern, zeugen von der breiten Beliebtheit Noldes. Selbst in Japan ist seine Kunst angekommen und findet Bewunderer. Das zeugt von seiner Einzigartigkeit. Denn es dürfte schwerlich ein größerer Unterschied zu finden sein als der zwischen Noldes Kunst und der traditionellen Kunst Japans.

Dem Museum sind ein Gästehaus und ein Empfangspavillon angegliedert. Auch gibt es ein empfehlenswertes Restaurant (siehe folgendes

EINE WALLFAHRTSSTÄTTE FÜR EXPRESSIONISMUS-ENTHUSIASTEN

Kapitel). In der Eingangshalle können Kunstdrucke, Postkarten, Plakate und Literatur zu Nolde erworben werden. Die Auswahl ist reichhaltig und umfassend. Wer sich also einen Nolde (natürlich nicht echt, aber trotzdem sehr dekorativ) für zu Hause mitnehmen möchte, wird im Foyer des Empfangspavillons sicherlich fündig werden.

Küchenmeister Thomas Friess, Restaurantleiterin Silke Johannsen und die Mitarbeiter und Auszubildenden aus dem Bereich Hotel und Gastronomie des Theodor-Schäfer-Berufsbildungswerkes Husum verwöhnen ihre Gäste mit einer überzeugenden Küche und einem feinen Service.

GAUMENFREUDEN FÜR KUNSTLIEBHABER

Haben Sie den Rundgang durch das Noldemuseum beendet, tun Ihnen (vielleicht) die Beine weh. Vielleicht wollen Sie sich aber auch vor dem Besuch für den Rundgang stärken. Dann sollten Sie das Angebot des Restaurants nutzen. Die Gasträume sind hell, das Mobiliar schnörkellos, funktionell und solide. Die Speiseräume liegen hinter großen Panoramascheiben, durch die Sie auf Felder, Äcker und in die weiten Himmel Nordfrieslands blicken. Auch ein renovierter Haubarg, der für Nordfriesland typische Bauernhof, ist im Westen am Horizont zu sehen. Im Sommer ist der Sitz draußen auf der Terrasse unter Schatten spendenden Bäumen sehr angenehm.

Tipp

ÖFFNUNGSZEITEN Restaurant Seebüll: Täglich von 9 bis 23 Uhr. Im Dezember, Januar und Februar haben Restaurant und Gästehaus Seebüll parallel zur Museumsschließungszeit nicht geöffnet.

Küchenchef Thomas Fries kocht herzhafte, facettenreiche Mahlzeiten. Sie werden bei ihm keine aufgetakelten Kreationen einer hochgestochenen Küchenpoesie finden. Seine Bemühungen gelten der Kunst, frische, wohlschmeckende Produkte zu Gerichten zu verarbeiten, die den Hunger stillen und dem guten Geschmack dienen.

Die Karte ist übersichtlich, die Auswahl an Weinen und Getränken ebenfalls. Selbst wenn Sie schon hinreichend gesättigt sein sollten, das Kuchenbuffet und den exquisiten Kaffee in allen gängigen Varianten dürfen Sie einfach nicht auslassen, oder Sie sollten zu einer anderen Zeit noch

EINE KÜCHE WIE EIN BILD VON NOLDE: GEKONNT, FARBENFROH, ANREGEND UND SINNLICH.

einmal im Restaurant vorbeischauen. Ich kann Ihnen versprechen, Sie werden es nicht bereuen.

Dem Restaurant ist ein Gästehaus angegliedert. Wenn Sie über Nacht bleiben wollen, stehen in dem reetgedeckten ehemaligen Dreikanthof sechs Doppelzimmer zur Verfügung. Weitere Informationen erhalten Sie an der Rezeption des Restaurants. Last but not least haben Sie die einmalige Gelegenheit, in der Umgebung Seebülls spazieren zu gehen und die herbe Schönheit Nordfrieslands zu entdecken.

Ribe ist die älteste Stadt Skandinaviens. 2010 feierte sie ihren 1300. Geburtstag. Demnach muss sie um 700 gegründet worden sein. Funde aus dieser Zeit belegen das Datum. Für ihr Alter von mehreren hundert Jahren ist die Stadt wunderbar erhalten geblieben. Ribe ist ein lebendiges Dokument mittelalterlicher Stadtkultur.

ZU BESUCH BEI DER ALTEN DAME

Ribe ist alt. Ribe gehörte im 15. Jahrhundert zu den größten Städten Nordeuropas. Ribe hatte seine dramatischen Zeiten (Plünderung 1043, Pest 1659, 7 Brandkatastrophen zwischen 1176 und 1402, zweite Marcellusflut 1362, Burchardieflut 1634), und Ribe war zeitweilig Königsstadt. Insbesondere hat sie einen gut erhaltenen mittelalterlichen Stadtkern. Nicht zuletzt ist das dem Glück zu verdanken, dass Ribe den Zweiten Weltkrieg nahezu unversehrt überstand.

> **Tipp**
>
> In den Sommermonaten können Sie dem **NACHTWÄCHTER** auf seiner traditionellen Runde durch die alten Straßen Ribes folgen.

Wenn man von Süden kommend auf die Stadt zufährt, fällt als Erstes der mächtige Vierkant des Doms ins Auge. Er ragt aus der Stadt heraus, die sich hinter hohen Bäumen noch versteckt hält. Sie betreten die Stadt am besten zu Fuß (größere Parkplätze gibt es am Stadtrand). Die Innenstadt erreichen Sie leicht in 10 bis 20 Minuten, je nachdem, wie eilig Sie es haben und wie gut zu Fuß Sie sind. Gäbe es nicht die Geschäfte und Lokale, wie man sie in den Fußgängerzonen anderer Städte ebenso

SKANDINAVIENS ÄLTESTE STADT

findet, man könnte vergessen, im 21. Jahrhundert zu leben. Den Stadtvätern muss schon sehr früh klar gewesen sein, welches Kleinod sie zu verwalten haben. Sie gründeten im 19. Jahrhundert einen Schutzverein und stellten den gesamten Stadtkern unter strenge Vorschriften. Über 100 Häuser stehen heute unter Denkmalsschutz. Auch der Fremdenverkehr hat die Einmaligkeit der Stadt für sich entdeckt.

Das Fremdenverkehrsamt Ribe verfügt über ein Team von hoch motivierten Fremdenführern, die das ganze Jahr über für Rundgänge und geführte Touren in Ribe und Umgebung gebucht werden können.

Ribe ist auch bekannt geworden als bevorzugter Ort für in der Region produzierte Lebensmittel. Stadt und Land identifizieren sich mit den Produkten, die ihre Heimat hervorbringt. Slow Food und ökologisch ausgerichtete Gastronomie werden immer interessanter und finden viele Anhänger. Die Region um Ribe springt auf diesen Trend auf.

Dänemark ist berühmt für seine kleinen, gemütlichen (dän. hyggelig) Städte und Dörfer. Møgeltønder ist ein schönes Beispiel dafür. Obwohl unmittelbar an der Grenze zu Deutschland gelegen, blieb der deutsche Einfluss gering. Die dänische Lebensart war immer dominant, und sie ist es auch heute noch. Aber nicht nur deswegen lohnt sich ein Besuch. Das Schloss Schackenborg, mitten in der Stadt gelegen, ist der Wohnsitz des Prinzen Joachim, des jüngeren Sohn von Königin Margrethe II.

WOHNSITZ EINES PRINZEN

Møgeltønder ist so klein, dass man daran vorbeifahren könnte, ohne es zu bemerken. Das heißt aber nicht, dass es keine Beachtung verdient. Wer einen nachhaltigen Eindruck von dänischer Lebensart gewinnen möchte, sollte einen Umweg nicht scheuen. Der Ort besteht aus nur wenigen Straßen und dem königlichen Schloss Schackenborg. Die kurze Schlossstraße (dän. Slotsgade), die Hauptstraße von Møgeltønder, führt schnurgerade mitten durch den Ort und ist komplett mit Kopfsteinen

> Die **SLOTSGADE** – Schlossstraße – ist gesäumt von alten Bäumen. Die wunderschöne Allee führt zum Schloss Schackenborg.

Tipp

gepflastert. Die Straße ist beidseitig von niedrigen Häusern im friesischen Stil gesäumt (teilweise reetgedeckt, aus dem 17. und 18. Jahrhundert). Vor den Häuserreihen sind durchgängig Lindenbäume gepflanzt, die der Straße ein heimeliges und zugleich prachtvolles Flair verleihen. Am Anfang der Straße, unweit des Schlosses, finden Sie ein schönes Hotel mit Restaurant und Café, das sehr zu empfehlen ist (Schackenborg Slotskro).

Schloss Schackenborg wird von Prinz Joachim und seiner Familie bewohnt. Seine Frau, geb. Marie Cavallier, heiratete er 2008 in der St. Nikolaus Kirche in Møgeltønder. Die Kirche ist im romanisch-gotischen Stil erbaut und ebenfalls sehenswert. Das Schloss Schackenborg kann zu festgelegten Zeiten auch besichtigt werden. Näheres erfährt man auf der Website des dänischen Königshauses (www. kongehuset.dk).

IDYLLISCHES DÄNISCHES DORF MIT KÖNIGLICHEM FLAIR.

Von Møgeltønder ist es nicht weit nach Tønder, der Stadt, die der Provinz an der deutsch-dänischen Grenze ihren Namen gegeben hat. Wenn Sie schon in der Gegend sind, lohnt sich auch ein Besuch dieser typisch dänischen Stadt.

INSELN, WATTENMEER UND HALLIGEN

Das Wattenmeer ist eine amphibische Landschaft. Bei Ebbe fällt sie trocken, bei Flut wird sie vom Meerwasser überspült. Das dauernde Hin und Her hat größere und kleinere Priele (Wasserläufe) in die Wattflächen gegraben. In den seichteren Abschnitten entwickeln sich Sände, in anderen Abschnitten Seegraswiesen und Muschelbänke. Die Vielfältigkeit des Wattenmeers stellt einer großen Tier- und Pflanzenwelt den Lebensraum zur Verfügung. Der Artenreichtum im Wattenmeer ist einzigartig und grandios. Wegen dieser Einzigartigkeit wurde das Wattenmeer der Niederlande, Niedersachsens und Schleswig-Holsteins im Juni 2009 in die UNESCO-Liste des Welterbes der Menschheit aufgenommen.

MEER UND MEHR

Bei einer Wattwanderung unter Führung von Lorenz-Thomas Peddersen kann man hautnah erleben, was Vielseitigkeit bedeutet. Er treibt seine Grabegabel in den Schlick und zeigt auf Schnecken, Würmer, Dwarslöper und kleine Muscheln. ›Der Wattboden ist reich an Leben. Das gibt es sonst nur in den Tropen.‹

Wattwandern ist seine Leidenschaft. Die Küste vor Nordfriesland kennt der Landwirt wie seine Westentasche. Er ist seit drei Jahrzehnten Wattführer. Fünf Stunden dauert die Wanderung vom Deich vor Lüttmoorsiel westlich von Bredstedt bis zur Hallig Nordstrandischmoor. Stolz erzählte er von den **SONST NUR IN DEN TROPEN** Small Five. Im Gegensatz zu den Big Five aus den Nationalparks Afrikas (Elefant, Löwe, Nashorn, Büffel und Leopard) muss man hier genauer hinschauen. Wattwurm, Herzmuschel, Strandkrabbe, Wattschnecke und Nordseegarnelen sind klein im Vergleich zu den Riesen der afrikanischen Savannen. Dazu kommen die Flying Five. Alpenstrandläufer, Brandgans, Austernfischer, Silbermöwe und Ringelgans sind fünf typische Vogelarten des Wattenmeeres. Es ist **IM GEGENSATZ ZU DEN BIG FIVE AUS DEN NATIONALPARKS AFRIKAS MUSS MAN HIER GENAUER HINSCHAUEN.** als Nationalpark geschützt, damit auch unsere Kinder und Enkelkinder noch wilde Meeresnatur erleben können. Die Stunden im Watt bis zur Hallig Nordstrandischmoor vergehen mit Lorenz-Thomas Petersen wie im Flug.

Viel Landschaft, wenig Menschen – ein Urlaub auf den Halligen und im Weltkulturerbe Wattenmeer ist eine Steigerungsform des Inselerlebnisses. Näher kann man dem Meer nicht sein, wenn man noch einigermaßen festen Boden unter den Füßen behalten will. Im Wattenmeer wechseln sich Ebbe und Flut alle sechs Stunden ab. Eben noch Lebensraum für Fische und Seehunde, stochern wenig später auf derselben Fläche riesige Wattvogelschwärme nach Nahrung.

Zehn Halligen erheben sich aus dem nordfriesischen Wattenmeer. Ihre Existenz haben sie den Naturgewalten und der Beharrlichkeit ihrer wenigen Bewohner zu verdanken. Was dem Land entrissen wurde, lagert sich

VIEL LANDSCHAFT, WENIG MENSCHEN

an anderer Stelle im Meer als Sediment wieder ab. Meter für Meter sind daraus die Halligen entstanden. Um Gebäude, Mensch und Vieh bei Sturmfluten zu schützen, bauten die Bewohner ihre Häuser auf aufgeworfene Erdhügel – die Warften. Langeneß ist mit 18 Warften die größte, Habel ohne ständige Bewohner die kleinste nordfriesische Hallig.

Verglichen mit dem Leben auf dem Festland, ist das Leben auf den Halligen ruhig, weltabgewandt, unabgelenkt und hart. Die Anbindung ans Festland geht entweder per Schiff durchs Wasser oder per Schienenlore durchs Watt, gelegentlich auch durch die Luft. Aber bevor zu dieser letzten Möglichkeit gegriffen wird, gibt es für Notfälle noch die Hallig-Retter. Ein Rettungsdienst vom Festland wäre zu langsam und zu kostenaufwendig. Benötigt der Patient weitere Hilfe, wird er mit dem Hubschrauber (22 Einsätze 2009),

Nordsee-Tourismus-Service
Postfach 1611
25806 Husum
Tel 1805-066077
www.halligen.de

Info

einem Rettungskreuzer der Deutschen Gesellschaft zur Rettung Schiffbrüchiger (zwei Einsätze) oder mit der Lore (zwei Einsätze) aufs Festland transportiert und ins nächste Krankenhaus gebracht.

Auf Oland, Langeneß und Hooge können Urlauber Ferienwohnungen, Gästezimmer und Apartments mieten. Einige wenige Gasthäuser und Cafés gibt es auch.

Sylt ist bekannt ›wie ein bunter Hund‹. Das hat die Insel in erster Linie der Prominenz aus Showbusiness, Kultur, Wirtschaft und Politik zu verdanken, die sich hier gerne erholt, isst, trinkt, feiert, sich feiern lässt und heiratet. Im Kielwasser dieser Menschen hat sich eine Dienstleistungswirtschaft etabliert, die vielfältig, groß, oft exquisit und teuer ist.

NICHT NUR ZUR SOMMERZEIT

Sylt ist inzwischen der Schauplatz unzähliger Filme, Tatorte und anderer spektakulärer Events geworden. Film, Funk und Fernsehen hat der Insel zu Ruhm und einträglichen Gewinnen verholfen. Selbst der weltbekannte Regisseur Roman Polanski hatte hier in jüngster Vergangenheit seine Zelte für die Dreharbeiten an seinem letzten Film aufgeschlagen und die Insel in Aufregung versetzt. Der Wahrheit zuliebe muss man allerdings hinzufügen, dass Polanski eigentlich in Neuengland drehen wollte, aber wegen eines Haftbe- **SCHAUPLATZ UNZÄHLIGER FILME** fehls, der ihn in den USA bedrohte, nach Sylt ausgewichen war. Aber immerhin, es ist schon eine Auszeichnung für die Insel und kennzeichnet ihre Einzigartigkeit, dass sie mit der wilden Schönheit der neuenglischen Atlantikküste konkurrieren kann.

Diese Entwicklung war nicht immer unbedingt vorherzusehen. Die Insel wurde während des letzten Krieges von Reichsmarschall Göring zur Enklave der deutschen Luftwaffe bestimmt, zu der außer den Angehörigen seiner Truppe (mitsamt ihren Waffen) nur ein paar wenige Insulaner Zutritt hatten, und das auch nur mit Passierschein und unter strenger Kontrolle der Behörden.

Nach dem Krieg, als alle Beschränkungen weggefallen waren, trafen sich auf der Insel einflussreiche Wirtschaftsbosse und Meinungsmacher, nicht nur, um sich zu entspannen und den Urlaub zu genießen, sondern auch, um Politik zu machen, Weichen zu stellen und Netzwerke zu knüpfen. Ihr unüber- **NACH DEM KRIEG TRAFEN SICH AUF SYLT WIRTSCHAFTSBOSSE** sehbarer Erfolg dokumentiert, dass die Insel ein hervorragendes Pflaster dafür abgegeben haben muss. Die Villa Axel Springers an der Wattseite Kampens ist als Treffpunkt dieser Leute berühmt geworden. Die Gespräche, die hier geführt worden sein sollen und von denen das Gerücht sagt, sie hätten das Schicksal Nachkriegsdeutschlands mitbestimmt, sind Legende geworden. Von derlei Aktivitäten ist in den letzten Jahren nichts mehr zu hören gewesen. Viele Prominente aus dieser Zeit sind verstorben, haben der Insel den Rücken gekehrt oder ihre Häuser verkauft. Das dürfte ihnen nicht schwergefallen sein. Sylt ist beliebt, und das Preisniveau für Immobilien exorbitant hoch.

Die Bundeswehr, die aus dem Dritten Reich Unterkünfte, Grund und Boden geerbt hatte, hat die Insel endgültig verlassen. Mit dem Abzug der SAR[1]-Außenstelle ist auch der Flughafen Westerland vollständig in zivile Hände übergegangen. Die Marineversorgungsschule in List hat am 1. Oktober 2007 den Dienst an der gesunden und schmackhaften Verkösigung der ihr anvertrauten Soldaten komplett eingestellt. Die Erlöse aus dem Verkauf der Liegenschaften werden den Bund über die Abwicklung hinweggetröstet haben. Ob das im gleichen Maße für die Menschen gilt, die hier ihrer Arbeit nachgegangen sind, wage ich zu bezweifeln.

DIE BUNDESWEHR HAT DIE INSEL ENDGÜLTIG VERLASSEN

Ich betrat in den 60er-Jahren zum ersten Mal die Insel. Ich studierte damals in Kiel und hatte den Kopf voll mit antikapitalistischen Phrasen, mit Ho-Chi-Minh-Rufen gegen den Vietnamkrieg und mit dem Feldzug gegen den Muff von 1000 Jahren unter den Talaren. Ich hatte eigentlich gar nichts auf dieser Insel verloren, und nur die Gelegenheit, ein paar kostenlose Sommertage dort verbringen zu können, ließen mich den Trip antreten. Es dauerte keinen Tag, und der bedrückende Kram in meinem Kopf hatte mich verlassen. Mich überwältigte plötzlich etwas ganz anderes, etwas, dass ich bis dahin nicht gekannt hatte, das mich überraschte und mir guttat. Ich werde das niemals vergessen und niemals missen wollen. In den darauffolgenden Jahrzehnten hat es mich oft geschmerzt, die Veränderungen auf der Insel miterleben zu müssen. Dennoch, wenn ich, von Havneby kommend, in List die Fähre verlasse, verspüre ich auch heute noch den Zauber der ersten Stunde.

[1] Search and Rescue

Der Name Sansibar ist im äußersten Norden so unerwartet und genial ausgewählt wie die Lokalität selbst. In dem flachen, unspektakulären Holzbau, mitten in den Dünen Rantums gelegen, mit Holzterrasse und Zutritt zum Strand, erwartet den Besucher eine Oase kultivierter Gastronomie und Gastlichkeit. Die Sansibar ist über viele Jahre gewachsen und schließlich berühmt geworden. Ihr einzigartiges Flair aber gab es von der allerersten Stunde an. Es ist bis jetzt unverändert geblieben.

EIN MAGISCHES PLÄTZCHEN

Es muss etwas mit dem Meer, der Insel, den Sanddünen, dem weiten Himmel zu tun haben, vielleicht ist es aber auch der Finger Gottes, der diesen Platz ausgezeichnet hat. Die Sansibar in den Dünen Rantums ist jedenfalls auserwählt. Und die Menschen, die sie gemacht haben, scheinen es ebenfalls zu sein. Mit anderen Worten, beides hat sich gesucht und gefunden und die Sansibar zu einem Platz gemacht, an dem man sich wohlfühlt und an den man sich gerne zurückwünscht.

Herbert Seckler ist der Macher der Sansibar. Neben seinem Restaurant betreibt er noch einen Weinhandel und ist Pate eines Fashion-Labels mit den gekreuzten Krummsäbeln, die er zu seinem Markenzeichen gemacht hat. Man kann für 20 Euro im Monat Mitglied in seinem Weinclub werden und bekommt dann, neben Rabatten und anderen Annehmlichkeiten, jeden Monat eine ausgesuchte Flasche Wein zugeschickt. Im Jahr 2009 waren darunter auch ein 2004er Chardonnay Insoumis und ein 2007er Anjou Rouge ›Les Vieilles Vignes‹, Weine vom Château de Tigne des Schauspielers Gérard Depardieu. Mache Weine sind extra für die Sansibar vinifiziert und werden als solche auf dem Etikett gekennzeichnet. Only Sansibar ist inzwischen zum Markenzeichen geworden. Auf den Geschmack des Chefs kann man sich verlassen. Das alljährliche Weinbuch enthält nur erste Adressen aus aller Welt. In Kiedrich im Rheingau soll in einem Weinberg des Weingutes Weil die schwarze Fahne mit den gekreuzten Säbeln wehen. Ich habe das nachgeprüft. Es stimmt.

> Ein Ort der **HEITERKEIT** und Lebensbejahung, ein Platz zum Essen und Trinken, ein Lokal, das man beschwingter verlässt, als man es betreten hat.

Tipp

FÜR GENIESSER, LEBENSKÜNSTLER UND MENSCHENFREUNDE

List ist eine gelungene Mischung aus Meeresstrand, Seeluft, Wasserfreuden, Fährhafen, Promenade, Erholung, Amüsement und Ruhe zugleich und einem erfreulichen Angebot an Gastronomie und einer breiten Palette an gern in Anspruch genommenen Dienstleistungen. Für jeden Geschmack gibt es hier etwas zu entdecken. Das Nordseebad macht seinem Namen alle Ehre.

INSELKOLLER AM ENDE DEUTSCHLANDS

Haben Sie sich schon einmal gefragt, welcher Ort in Deutschland die längste Sonnenscheindauer im Jahr aufweist? Auf List wären Sie sicherlich nicht gekommen, wenn Sie nicht gerade Meteorologe von Beruf sind oder Wetter und Klima Ihr Hobby sind. Es gab einmal einen berühmten Meteorologie-Professor aus Berlin, dem man nachsagt, er habe stundenlang auf einer Holzpier auf dem Rücken gelegen und die Stunden gezählt, in denen sein Blick sich im blauen Himmel verlieren konnte. Was er gemacht hat, als die ersten Wolken aufzogen, darüber gibt das Gerücht keine Auskunft.

> **Tipp**
>
> Der beste Weg nach List führt über die Fähre von **HAVNEBY/RØMØ**. Die 40 Minuten Seefahrt stimmen den Syltbesucher ein auf den nördlichsten und einen der attraktivsten Orte der Insel.

Vielleicht ist er auf den Ellenbogen gewandert und hat sich in den weiten Dünen und dem endlosen Sandstrand den Wind um die Nase wehen lassen. Der Ellenbogen ist der nördlichste Ausläufer Sylts und somit auch Deutschlands nördlichster Punkt. Über eine Privatstraße kann man gegen Zahlung einer Maut (Radfahrer und Fußgänger kostenlos) bis zum Parkplatz östlich des Leuchtturms List Ost vordringen. Von dort erreicht man die Ellenbogenspitze (›Alembögspünt‹). Östlich der Ellenbogenspitze und südlich davon erstreckt sich das Wattenmeer, durch dessen Gebiete während der sommerlichen Feriensaison geführte Wattwanderungen

PURE ERHOLUNG FÜR LIEBHABER VON WIND, WETTER, STRAND, MEER, FISCH UND UNTERHALTSAMER GASTRONOMIE.

durchgeführt werden. Schwimmen ist wegen der gefährlichen Strömungen (Trekker) an längeren Abschnitten des Ellenbogens verboten. Wind- und Kitesurfen sind an einem gesondert ausgewiesenen Abschnitt erlaubt. Der Lister Ellenbogen ist ein Stück nahezu unberührter Natur mit Dünen, Strand, Wind und Wellen. Umso nachhaltiger ist die Wirkung auf den Menschen.

Unter den Feinschmeckern und Genussmenschen werden Meeresfrüchte als eine besondere Delikatesse geschätzt. Sie müssen nur frisch und gut zubereitet sein und der Wein dazu muss passen. Bekanntlich hat das seinen Preis, vor allem im Binnenland. Bei Gosch in List auf Sylt können sie Ihrer Vorliebe jeden Tag aufs Neue frönen, ohne arm zu werden und ohne dass es langweilig wird.

DER ALTE MANN UND DAS MEER

Über Jürgen Gosch gibt es viele Geschichten zu erzählen. Er ist bekannt im Land, so bekannt, dass sogar das Finanzamt einmal glaubte, sich mit ihm beschäftigen zu müssen. Was immer dabei herausgekommen ist, es unterliegt dem Steuergeheimnis. Klar aber ist: das Goschimperium wächst und ist für jeden Freund von Meeresfrüchten mehr denn je ein beliebter Anlaufpunkt.

Es gibt aber nicht nur *über,* sondern auch *von* Jürgen Gosch Geschichten. Eine davon ist besonders bezeichnend für ihn und kann auf seiner Website nachgelesen werden. Wohlmeinende nennen ihn ein Schlitzohr, Übelwollende einen Mafiosi. Wahrscheinlich ist er nur ein cleverer Pfiffikus, der voller Ideen ist und Spaß daran hat, sie umzusetzen, manchmal eben auch auf unkonventionelle Art und Weise.

> **Tipp**
>
> Gosch in List ist das Mekka für jeden Freund von schmackhaft zubereiteten **MEERESFRÜCHTEN**: von Austern bis Zackenbarsch, immer frisch, sehr abwechslungsreich, zu Preisen, die Freude und Freunde machen.

Er ist übrigens öfter in der ›nördlichsten Fischbude Deutschlands‹ anzutreffen. Er unterhält sich gern mit seinen Gästen und schaut seinen

EIN TEMPEL FÜR LIEBHABER VON MEERESFRÜCHTEN

Mitarbeitern auch mal auf die Finger. Mit einem Dreispitz auf dem Kopf, einer schwarzen Augenklappe und einem Säbel an der Seite würde er als Pirat eine gute Figur abgeben. Dann passt er auch zu dem alten Seemann, der im Sommer draußen mit seinem Schifferklavier durch die Reihen schlendert und die Gäste mit Seemannsliedern unterhält: ›Rolling home‹, ›La paloma‹, ›Junge, komm bald wieder‹ und ›Wir lagen vor Madagaskar und hatten die Pest an Bord‹. Bei Gosch sitzt man an Tischen und hat Meeresfrüchte auf dem Tisch. Das ist doch wirklich ein echter Fortschritt, auch wenn Sie kein Freund von Fischen und anderem Meeresgetier sein sollten.

GRAND SPA RESORT /// A-ROSA-SYLT /// LISTLANDSTRASSE 11 ///
25992 LIST-SYLT /// 06 51 / 96 75 00 /// WWW.A-ROSA.DE ///

Auf den ersten Blick könnte man meinen, das A-Rosa sei für List eine Nummer zu groß geraten, so als hätte ein Schelm sein Ministerium von Berlin nach List verlegt. Tritt man aber näher, so entwickelt der moderne Bau eine überraschende Attraktivität. Ist man schließlich bis ins Innerste vorgedrungen, fängt man an, sich wohlzufühlen und die Angebote des Hotels gerne auszuprobieren.

NICHTS FÜR SPA(R)SAME

Sylt ist für seine exklusive Gastronomie und Hotellerie berüchtigt. Hoch oben im äußersten Norden der Insel hat sich 2010 eine neue Edelherberge dazugesellt. Ob A-Rosa zu den wirklich teuren gehört, kann man nicht genau sagen. Ein ausgeklügeltes Bewirtschaftungskonzept macht die Preise von der Aufenthaltsdauer und der Belegungsdichte abhängig. Da ein Außenstehender die nicht kennen kann, sind Überraschungen möglich. Die Vermutung ist erlaubt, dass Sie tatsächlich erstaunt sein werden, es sei denn, Sie gehören zu denen, die nichts mehr überraschen kann.

> **Tipp**
>
> Selten sind Hotelbauten in neuester Zeit so **GELUNGEN** wie das Grand Spa Resort List. Groß, modern, cool und gerade deswegen eine Wohlfühloase.

Der größte Pluspunkt ist natürlich die einmalige Lage nach der Wattseite, eingebettet in Dünen und Ruhe, umgeben von salzhaltiger Luft, Wind und Himmel. Mobiliar und Ausstattung sind schnörkellos modern, mit klassischen Linien und klaren, hellen Farben, viel Licht, viel Platz und saubere Materialien. Dennoch fühlt man sich nie an ein Kurhaus erinnert. Das lässt schon die Hotelgastronomie nicht aufkommen.

Es versteht sich heutzutage von selbst, dass ein Urlaubshotel einen Wellness- und Spa-Bereich vorhält. Hier ist er sehr großzügig ausgefallen. Der Gast kann sogar seine private Spa-Suite mieten.

Die Gastronomie glänzt mit drei verschiedenen Küchen (regional, asiatisch, italienisch), Dünenterrasse, zwei Bars und einem Weinhandel.

SEELUFT, RUHE, LUXUS ZUM GENIESSEN Und natürlich kann der Gast sich auch sportlich betätigen, wenn er denn will. Golfen, Segeln, Reiten, Surfen und Angeln in bester Luft bieten sich an. Die, die nach dem Motto ›no sports‹ leben, sind im Grand Spa in List gut aufgehoben. Im Liegestuhl dösen und die salzige Meeresluft atmen, das war schon immer Erholung pur.

IL RISTORANTE /// BOYSENSTRASSE 3 /// 25980 WESTERLAND / SYLT ///
0 46 51 / 29 96 62 /// WWW.IL-RISTORANTE.DE ///

Sylt ist neben vielen anderen Attraktionen auch bekannt als eine Location der gehobenen und anspruchsvollen Gastronomie. Natürlich hat diese ihren Preis, und nicht jeder ist in der Lage und gewillt, da mitzumachen. Das muss auch nicht sein. Denn es gibt Il Ristorante. Der Name ist Programm und wird Sie nicht enttäuschen.

CIAO TUTTI

Es war im August 2006. Ich saß am Abend eines selten schönen Sommertages draußen vor dem Il Ristorante in Westerland auf Sylt. Der Hof war proppevoll, und ich hatte gerade noch Platz an einem Tisch gefunden, an dem schon zwei Frauen ihren Salat aßen. Ich bestellte ebenfalls Salat, dazu noch Pasta in Gorgonzola – sehr schmackhaft und herrlich angerichtet – und ein Glas Rotwein. Ich hatte an die 50 Fahrradkilometer in den Knochen, von Westerland

> Unter den **TOPADRESSEN** der Gastronomie auf Sylt eine Oase des guten Geschmacks, die sich hinter den Sterneküchen nicht verstecken muss.

Tipp

nach List und zurück. Die Sonne, der Wind, das Meer und der Sand hatten mich gepackt und in einen Zustand wohligen Erschöpftseins und aufgeräumter Heiterkeit versetzt.

An dieser Stelle begann meine Laufbahn als Krimi-Autor, und ich verarbeitete Il Ristorante in meinem Erstling ›Inselkoller‹.

›Jung landete in der Boysenstraße, entdeckte ein italienisches Restaurant in einem hübschen Haus und kehrte im ›Il Ristorante‹ ein.

Er betrat einen in warmem Gelb gehaltenen und mit rohen Holzbohlen ausgelegten Gastraum. Dieser beherbergte ein rundes Dutzend schlicht,

TOSKANISCHES RISTORANTE MIT STRANDKORB-TERRAZZA

aber geschmackvoll eingedeckter Tische, die allerdings wenig italienisch aussahen. Die Wände zierten Werbeplakate. Sie stammten aus Zeiten, in denen für Birnenbrand mit weißen Eulen, für die American Fruit Company mit aufgeschnittenen Grapefruits und Tomaten, für die Goleta Lemon Association mit einem gaffelgetakelten Dreimastschoner, für die Reichsbahn mit vollständig bekleideten, Ball spielenden Strandschönheiten und für Anisetta Evangelisti mit einem lebensgroßen Schimpansen geworben wurde. […]

Jung war der einzige Gast. Er bestellte sich Petto d'anatra ai mirtilli und ein Glas Montepulciano. Die Entenbrust schmeckte köstlich.‹

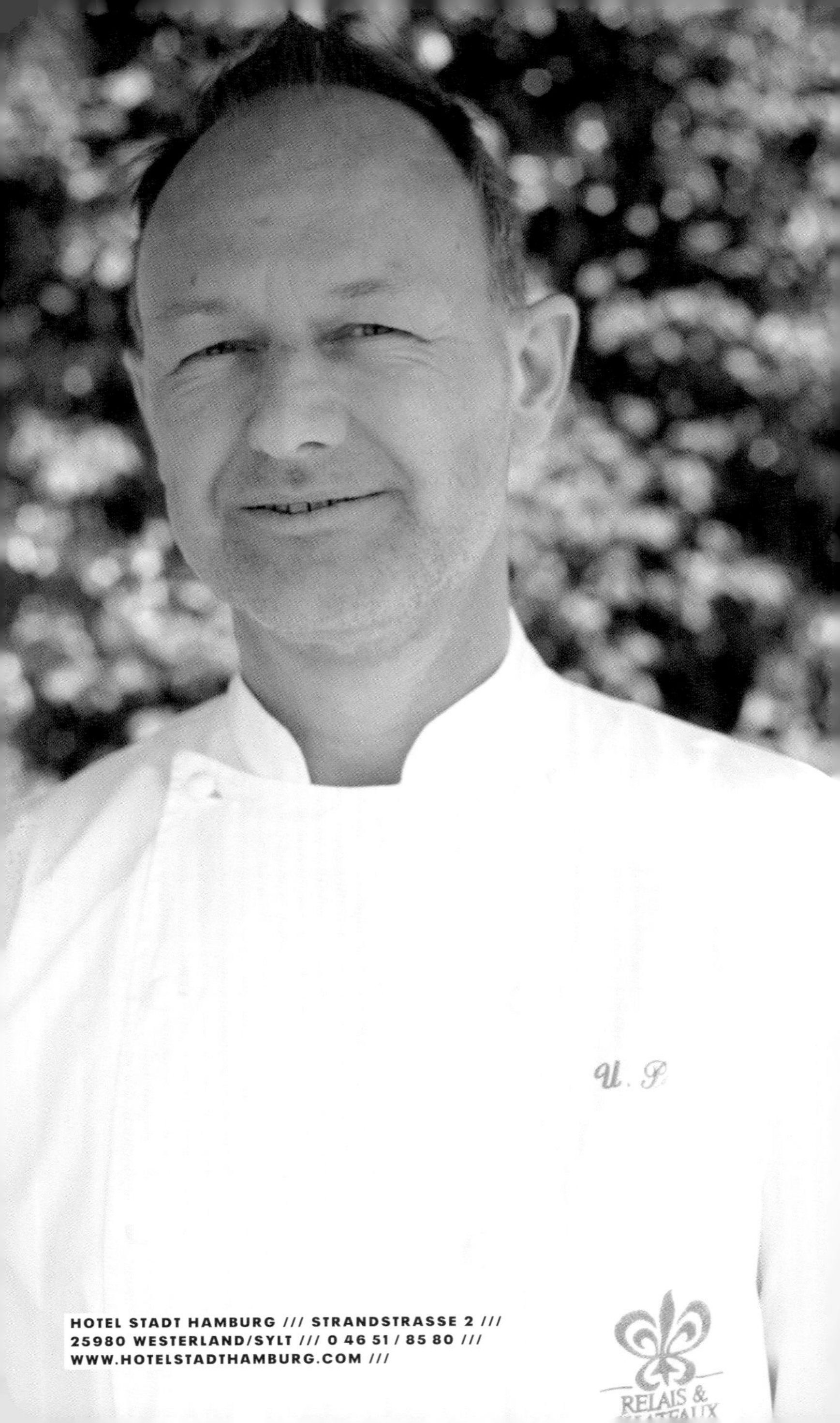

HOTEL STADT HAMBURG /// STRANDSTRASSE 2 ///
25980 WESTERLAND/SYLT /// 0 46 51 / 85 80 ///
WWW.HOTELSTADTHAMBURG.COM ///

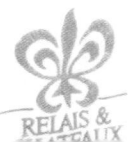

Das Hotel Stadt Hamburg in Westerland gibt es seit 1869. Es wird in der dritten Generation von der Familie Hentzschel geführt. Das Hotel hat also Tradition. Eine Tradition, die sich durch Zurückhaltung, freundliche Höflichkeit, nie erlahmende Aufmerksamkeit und einen exquisiten Geschmack auszeichnet. Zusammen mit höchstem Standard in Technik und Ausstattung ist es deshalb ein Hotel der Extraklasse. Das ›Stadt Hamburg‹ hat zudem eine herausragende Hotelküche. Franco-mediterrane Vorlieben und regionale Einflüsse ergänzen sich prächtig.

MENSCHEN IM HOTEL

Ich logierte einige Tage im ›Stadt Hamburg‹, um in Ruhe an meinem Roman ›Inselkoller‹ zu schreiben. Er spielt auf Sylt. Im Sommer hätte ich kein freies Bett bekommen. Nun war es Februar, grau, windig und nasskalt, also wenig einladend. Ich habe meine Wahl nie bereut. Einer von vielen Gründen war das ruhige Kaminzimmer, in dem ich schreiben, eine Zigarre rauchen und ein Glas guten Rotwein trinken konnte. Ein anderer, noch überzeugenderer Grund waren die Mahlzeiten, die im Restaurant und Hotelbistro gleichermaßen köstlich serviert werden.

Tipp

FRÜHZEITIGE BUCHUNG ist Pflicht, vor allem, wenn man im Sommer ein Bett ergattern will. Tischreservierung ist angeraten. Im Bistro wird nicht reserviert. Hier geht es unkompliziert und ungezwungen zu. Dazu gehört, dass man nicht zu bestimmten Zeiten kommen oder gehen muss.

Die Kochkunst von Küchenchef Ulrich Person ist so bemerkenswert wie das Hotel selbst. Aufwendig und modern in der Produktauswahl und im Detail ansonsten klassisch und überaus gekonnt. Fonds und Jus werden in der eigenen Küche hergestellt

WER ES GESCHAFFT HAT, EIN ZIMMER ZU KRIEGEN, WIRD ES NICHT BEREUEN. EINE LEICHTE KÜCHE BESCHERT GAUMENFREUDEN OHNE ENDE.

(der Chef gibt sein Wissen und Können an Auszubildende weiter), der Fisch kommt ausschließlich aus der Nordsee, das Fleisch von den Tieren, die auf den Deichen und Wiesen Schleswig-Holsteins zu Hause sind. Unvergleichlich der konfierte Schweinebauch, ein mit Kräutern und Gewürzen 48 Stunden lang bei 57 Grad im Vakuumierbeutel gegartes Stück pure Köstlichkeit.

CAFÉ-WIEN KG /// STRANDSTRASSE 13 /// 25980 WESTERLAND ///
0 46 51 / 53 35 /// WWW.SYLTER-SCHOKOLADENMANUFAKTUR.DE ///
WWW.CAFE-WIEN-SYLT.DE ///

Das Café Wien auf der Strandstraße in Westerland gibt es seit 1966. Sein Werdegang ist unterhaltsam, soll hier aber nicht erzählt werden. Muss auch nicht. Genießer und Liebhaber allerfeinster Konditorenkunst hat es schon immer in die Strandstraße und ins Café Wien getrieben. Hier finden sie, was ihr Herz begehrt. 2002 eröffnete ein paar Meter weiter die Schokoladenmanufaktur, intern liebevoll ›der kleine Laden‹ genannt.

ABER BITTE MIT SAHNE

Die Strandstraße ist für viele Besucher Westerlands der Inbegriff für bummeln, shoppen, essen, entspannen, in der Sonne sitzen, ein Glas Bier, Wein oder eine Tasse Kaffee trinken, sehen und gesehen werden. Das Café Wien liegt mittendrin. Hier sorgen in jedem Fall, sogar dann, wenn die Sonne sich nicht zeigt, die fruchtig-leichten Torten aus dem reichhaltigen Sortiment allerfeinster Konditorkunst für gute Stimmung. Ganz vorzüglich ist die Maracuja-Limone-Baiser-Torte. Derzeit bevorzugt eine Mehrheit der Kunden die Himbeer-Käse-Sahne-Torte, wie

> **Tipp**
>
> Seit 2006 kann der Schokoliebhaber die **SÜSSEN KÖSTLICHKEITEN** auch in der Manufaktur im Gewerbegebiet Tinnum kaufen und sich nebenbei über die Produktion informieren. Es gibt einen großen Parkplatz vor der Tür und Bistrotische und Strandkörbe für die kleine Pause mit Kuchenklassikern aus dem Café Wien.

die Geschäftsleitung mitzuteilen weiß. Natürlich können Sie sich auch im Hochsommer gern ›die volle Dröhnung geben‹. Zum Beispiel mit der gehaltvollen ›Störtebeker-Torte‹, inklusive köstlicher Nougat-Meeresfrüchte. Auch das ein Tipp der Mannschaft des Café Wien.

Wem der Sinn nicht nach Süßigkeiten steht, wird dennoch gut bedient. Es gibt eine Tageskarte, auf der eine wohlschmeckende Hausmannskost angeboten wird. Kohlrouladen, Labskaus und Erbseneintopf bekommt

EIN SYLTBESUCH OHNE BESUCH IM CAFÉ WIEN IST WIE SYLT OHNE STRAND, SOMMER OHNE SONNE, NORDSEE OHNE WELLEN.

man hier ›wie bei Muttern‹ serviert. Und ein Bier oder einen Schoppen Wein gibt es natürlich auch dazu.

Hinterher bummeln Sie in Richtung Meer, schlendern über die Promenade und vielleicht spielt gerade eine Band in der Strandmuschel. Dann wissen Sie endgültig, dass Sie auf Sylt angekommen sind.

Föhr ist unter den nordfriesischen Inseln eine Besonderheit. Sie ist wie ein herausgerissenes Stück Festland. Das sind die anderen Inseln zwar auch, aber man kann sagen, Föhr liegt im Schutz der anderen, in Lee der langen Sände von Süder- und Norderoog, von Japsand, der ewig-langen Dünenkette von Sylt und den gewaltigen Stränden von Amrum, Rømø und Fanø. Diese anderen Inseln weit vorne im Wind stemmen sich der heranrollenden Brandung der Nordsee entgegen, und Föhr findet dahinter ein ruhiges Plätzchen. Hier ›lächelt die Nordsee‹, wie ein Marketing-Slogan zu wissen glaubt. Föhr fühlt sich heimeliger an, nicht so wild wie die Wellenbrecher im Westen, Süden und Norden.

WO DIE NORDSEE LÄCHELT

Vielleicht kommt dieses Gefühl auch deswegen auf, weil sie die einzige nordfriesische Insel ist, auf der Landwirtschaft noch in größerem Stil betrieben wird. Vor allem nördlich der Inseldörfer breitet sich das Ackerland aus, so weit das Auge reicht. **FÖHR IST WENIGER WILD** Fahrradtouren über die verzweigten Wirtschaftswege sind in der Saison beliebt, und ich könnte mir vorstellen, dass den Landwirten angesichts der Invasion von Rädern ab und zu ein Seufzer entschlüpft. Auf Föhr sind viele Familien mit kleinen und großen Kindern unterwegs, die natürlich gerne bei den Schafen und ihren Lämmern anhalten, vom Rad steigen und das ein oder andere tun, was sie lieber bleiben lassen sollten.

Dessen ungeachtet ist Föhr die Familien-Ferieninsel schlechthin. Man hat sich dort darauf eingestellt und arbeitet immer weiter an einer Vervollständigung und Verschönerung. Einige leuchtende Beispiele dieser Anstrengungen können Sie auf den folgenden Seiten bewundern.

Föhrs Geschichte ist abwechslungsreich und menschlich bewegend. Sie soll nicht Gegenstand dieses Buches sein. Und dennoch komme ich **FÖHR HAT EINE BEWEGENDE GESCHICHTE** nicht umhin, auf zwei Außergewöhnlichkeiten hinzuweisen. Zum einen ist Föhr die Heimat vieler Seeleute, die im 19. Jahrhundert im Walfang zu Ansehen und Wohlstand gekommen sind (es gibt ein Walfangmuseum in Wyk). Auf dem Friedhof von St. Laurentii in Süderende haben viele von ihnen die letzte Ruhe gefunden. Die Gräber zeugen von ihrer Hingabe an das abenteuerliche Leben, das sie zu meistern hatten. Die in Stein gehauenen Segelschiffe auf den Grabsteinen tragen den dänischen Danebrog in der Takelage.

Die dänische Flagge verweist auf die zweite Besonderheit der Insel. Ein Teil Föhrs gehörte bis 1864 zum dänischen Königreich, und erst die Volksabstimmung 1920, in der sich die Mehrheit der Inselbevölkerung für ihren Verbleib bei Deutschland aussprach, beendete Dänemarks Macht (nur die Orte Witsum, Utersum und Hedehusum stimmten mehrheitlich für einen Wechsel nach Dänemark). Der dänischen Regentschaft und der Volksabstimmung wird heute noch mit Inschriften am Glockenturm von Wyk gedacht.

Übrigens: Nordfriesland hat eine eigene Sprache, das Nordfriesisch. Sie ist eine eigenständige Sprache, kein Dialekt des Deutschen, sie hat nichts mit Niederdeutsch oder Plattdeutsch zu tun. Auf Föhr sprechen noch rund 2.000 Einwohner einen Dialekt des Nordfriesischen, das Ferring. Die Sprache ist vom Aussterben bedroht. Es gibt aber Bemühungen, sie lebendig zu erhalten. In Schleswig-Holstein ist sie durch die Europäische Charta der Regional- oder Minderheitensprachen geschützt. Die Einrichtung eines Lehrstuhls für Nordfriesisch an einer der schleswig-holsteinischen Universitäten wird vorangetrieben. Und viele Gemeinden in Nordfriesland haben ihre Ortsschilder zweisprachig ausgefertigt. An der Polizeistation in Husum verweist ein zweisprachiges Schild auf die verschiedenen Dienststellen. Auch auf Föhr sind die friesischen Namen auf den Ortseingangsschildern notiert. Wo in Deutschland und Dänemark gibt es das noch einmal?

NORDFRIESISCH IST KEIN DIALEKT DES DEUTSCHEN

www.foehr.de
www.inselmagazin.de
www.jswis.de/Foehr/Walfang.htm

Info

LANDHAUS LAURA /// BUURSTRAT 49 /// 25938 OEVENUM AUF FÖHR ///
0 46 81 / 5 97 90 /// WWW.LANDHAUS-LAURA.DE ///

Es war einmal ein Junge vom Duhner Nordseestrand, der lernte das Kochen im Hamburger ›Vier Jahreszeiten‹. Dann verlor er sein Herz in Heidelberg auf der Hotelfachschule an seine spätere Frau Claudia. Eines schönen Tages nahm er die gelernte Hotelfachfrau und seine vier Kinder und zog auf die Nordseeinsel Föhr. Hier erwarben sie 1998 gemeinsam einen ehemaligen Reethof. Sie machten ihn zu ihrem Wohnsitz und bauten ihn zu einem Landhaus der besonderen Art aus. Jörn Sternhagen kocht seitdem gerne für seine Gäste. Die Möglichkeiten, die Insel und Nordsee für ihn und seine Küche bereithalten, inspirieren ihn immer wieder aufs Neue.

INSELHOTEL MIT HERZ

Man merkt, das Landhaus Laura ist ein persönlich geführtes Anwesen. Eine so warme, familiäre Atmosphäre kann kein gewöhnliches Hotel bieten, sei es auch noch so gut ausgestattet. Das ist nebenbei auch auf den verwunschenen Innenhofgarten zurückzuführen. Friesischer Landhausstil prägt die Zimmer und Suiten des kleinen Inselhotels.

Tipp

Ein gemütliches Hotel, die Ruhe der nordfriesischen Insel Föhr und die **KÖSTLICHKEITEN** einer wohlschmeckenden Küche, das alles findet man im Landhaus Laura.

Jörn Sternhagen ist ein Mann mit vielen Talenten. Seine Kochkunst zeichnet sich durch Geradlinigkeit, individuelle Rezepturen mit Schwerpunkt Fisch und jahreszeitliche Produktauswahl aus. Sein Bemühen gilt dem guten Geschmack und einer bodenständigen, bekömmlichen Speisefolge. Dabei spielen seine täglichen Hausempfehlungen eine wichtige Rolle.

Einige Rezepte hat er zu einem Kochbuch zusammengetragen, mit Zeichnungen liebevoll illustriert und mit Vierzeilern versehen. Sein Anliegen ist es, den Leser zum Nachkochen zu animieren. Es helfen einfache Zubereitungsregeln, eine To-Do-Liste für den Koch-Notfall und eine Prise Humor (ISBN 978-3-00-032141-2). Das Kochbuch, seine humorvollen Gericht-Gedichte ebenso wie seine Fotobände über Föhr verraten Jörn Sternhagens Verbundenheit zur Natur, zu guter Tradition, zu einem guten Essen und seinen Sinn für den Blick hinter die Kulissen. Er verlegt seine Bücher selbst.

BODENSTÄNDIGE KÜCHE IN EINEM FAMILIÄREN LANDHAUSHOTEL.

GEMEINDE WYK AUF FÖHR /// HAFENSTRASSE 23 /// 25938 WYK AUF FÖHR ///
0 48 61 / 5 00 40 /// WWW.WYK.DE ///

Von der Südküste Föhrs gibt es einen einmaligen Blick über den Strand und das Meer zu den wie an einer langen Schnur aufgereihten Halligen bis hin nach Amrum. Zu jeder Jahreszeit verspricht ein Spaziergang auf der Promenade von Wyk nach Gothing ein einzigartiges Erlebnis.

THESE BOOTS ARE MADE FOR WALKING

Anlässlich eines Spektakels auf Föhr, zu dem von der Nachbarinsel Sylt deren eloquenter und spitzzüngiger Bewunderer, der Kabarettist Manfred Degen, als Co-Moderator eingeladen war, fragte man ihn, was ihm denn an Föhr besonders gefalle. Der Wahl-Sylter antwortete: ›Um die Promenade direkt am Strand beneidet man euch auf Sylt.‹ Gemeint war sicherlich nicht nur der Sandwall mit seinen Cafés und Geschäften. Nach Westen schließt sich nämlich vor den Dünen eine breite, gepflasterte Strandpromenade an, auf der man stundenlang spazieren gehen und frische Meeresluft schnuppern kann.

> **Tipp**
>
> Eine Strandpromenade, die an der Nordsee ihresgleichen sucht. Erholung pur mit dem Duft der See in der Nase und dem Blick in die Weite, auf den Nationalpark und das Weltnaturerbe ›WATTENMEER‹.

Das hat eine lange Geschichte: Im Jahre 2005 hatten sich die Wyker Stadtväter Gedanken über die Flaniermeile gemacht. Sie kamen zu dem Schluss, es bestehe Handlungsbedarf. Zudem sollte die Chance genutzt werden, den gesamten Bereich barrierefrei, also behindertengerecht, zu gestalten. Das Projekt mit einem Gesamtvolumen von über 2 Millionen Euro erfreute sich nicht unbedingt der ungeteilten Zustimmung der Bevölkerung. Erst nach einem Bürgerentscheid am 17. Juni 2007 wurde der Planung zugestimmt. Wenn man jetzt auf der Promenade wandelt, dann wird einem klar, dass der Geschmack der Mehrheit oft besser ist als sein Ruf.

DER BLICK GEHT IN DIE WEITE, DAS WELTNATURERBE LIEGT IHNEN ZU FÜSSEN.

Die Promenade ist lang, lang genug für einige Stunden entspannten Schlenderns. Bald nachdem Sie den quirligen Sandwall hinter sich gelassen haben, passieren Sie das Meerwasserwellenbad, es schließen sich in loser Reihenfolge Strandcafés und Imbisse an. An der Promenade hat auch eine Surfschule ihren Platz gefunden. Surf-Gäste können dort Bretter ausleihen. Wenn es anfängt zu regnen oder der Wind zu stark ist, können Sie problemlos die Promenade über den Deich verlassen und im Hinterland Schutz suchen oder ein Taxi rufen.

**HOTEL GARNI RACKMERS HOF /// BUURSTRAT 1 ///
25938 OEVENUM AUF FÖHR /// 0 46 81 / 74 63 77 /// WWW.RACKMERS.DE ///**

Es soll Menschen geben, die gerne Golf spielen und dazu nicht den Trubel eines teuren Countryclubs brauchen. Es soll sogar welche unter ihnen geben, die darüber hinaus auch gerne an langen Stränden und über weite Felder spazieren gehen. Wenn Sie zu diesem Menschenschlag gehören, dann habe ich, und selbstverständlich für alle anderen Ruhegenießer auch, einen Vorschlag.

SCHÖNER SCHLAFEN AUF FÖHR

Rackmers Hof ist ein Hotel mit einer sehr modernen Konzeption. Die Gäste wohnen in großzügigen Suiten (ca. 50 qm), die über zwei Geschosse gehen: oben liegen die Schlafzimmer, unten kann man sich zum Reden, Essen, Lesen, Spielen, Fernsehen, Schreiben treffen und, wenn man will, auch zum Sonnen, denn jede Suite hat Zugang zu einer Terrasse inklusive der Möbel, die man dafür braucht. Die Ausstattung ist neu und elegant-zurückhaltend, ›state of the art‹, wie man so schön sagt. Dazu gehört auch eine in das Wohnzimmer integrierte und mit allen nötigen Geräten (einschließlich Spülmaschine, Mikrowelle und Backofen) ausgestattete Pantryküche. Sie sind also in Ihrer Ernährung mit speziellen Wünschen an Speise, Trank und Essenszeiten völlig autark. Vielleicht lieben Sie es ja auch zu kochen? Sie werden garantiert etwas auf der Insel entdecken, was Ihnen zu außergewöhnlicher nordfriesischer Gaumenfreude verhilft.

> **Tipp**
>
> Lieben Sie **LANGE SPAZIERGÄNGE?** Möchten Sie den Tag mit einem gesunden Frühstück beginnen und in einer Dampfsauna ausklingen lassen? Schätzen Sie eine gepflegte, moderne Wohnung und ein bequemes Bett? Dann sind Sie im Rackmers Hof genau richtig.

Nur das Frühstück in der Kapitänsstube sollten Sie sich nicht entgehen lassen. Der Raum und die Tischkultur sind animierend und machen

GEPFLEGTE UNTERKUNFT FÜR RUHESUCHENDE UND GOLFER

Appetit auf das, was lecker und gesund auf der Anrichte präsentiert wird. Zum Schluss muss auch noch die Wellnessabteilung in Rackmers Hof erwähnt werden. Nach einem langen Tag am Meer sind ein paar Saunagänge eine der schönsten Möglichkeiten, eine entspannte Nacht im Tiefschlaf zu verbringen.

Am nächsten Tag mieten Sie in der unmittelbaren Nachbarschaft ein Fahrrad und radeln über die Insel. Abends the same procedure as last night. Tutto chiaro?

MUSEUM KUNST DER WESTKÜSTE /// 0 46 81 / 74 74 00 /// HAUPTSTRASSE 1 ///
25938 ALKERSUM FÖHR /// WWW.MKDW.DE ///

Die Kunst ist nicht nur ein Geschäft, sondern vor allem Kunst. Das ist so simpel, dass es eigentlich gar nicht erwähnt werden muss. Das Schlichte ist in allen Künsten das Schöne. Die Kunst ist zwar nicht das Brot, aber der Wein des Lebens (Jean Paul). Ernst ist die Kunst und heiter das Leben. Wenn man es nicht schon wüsste, hier wird es einem wieder klar.

MEERESRAUSCHEN

›Das Museum ist ein gemeinnütziges Stiftermuseum. Es sammelt, erforscht und vermittelt Kunst, die sich mit den Themen Meer und Küste auseinandersetzt. Den Ausgangspunkt bildet die historisch orientierte Gemäldesammlung des Museumsstifters Prof. h.c. Frederik Paulsen, dessen Vorfahren von der Insel Föhr stammen. Mit der

> **Tipp**
> Gönnen Sie sich einen besinnlichen Tag mit den Stimmungen über, auf und an den **MEEREN DES NORDENS**.

Gründung des Museums drückt er seine Verbundenheit zur Insel aus und macht zugleich seine umfangreiche ›Sammlung Kunst der Westküste‹ öffentlich zugänglich.‹

So steht es im Ausstellungsprogramm Frühjahr 2010 geschrieben, und doch steckt noch viel mehr hinter den nüchternen Worten. Es schwingt die dänische Vergangenheit Föhrs mit, die sich zu einer beispiellosen Nachbarschaft zwischen Dänen und Deutschen entwickelt hat. Es schwingt die Liebe zum rauen Norden mit, zu dessen Meeren und Küsten. Mit Anna Ancher, Michael Ancher, Max Beckmann, Johan Christian Dahl, Peder Severin Krøyer, Christian Krogh, Max Liebermann, Emil Nolde und Edvard Munch sind wichtige skandinavische und deutsche Künstler

DER BESUCH DES MUSEUMS KUNST DER WESTKÜSTE IST MEHR ALS EIN MUSEUMSBESUCH.

des 19. und 20. Jahrhunderts in der Sammlung vertreten, ebenso bedeutende Vertreter der niederländischen und nordfriesischen Malerei. Gut 500 Werke umfasst die Sammlung. Die Motive spiegeln die maritime Lebensweise und Landschaft an der Westküste wider, von Bergen in Holland bis Bergen in Südnorwegen. Neben der hauseigenen Sammlung zeigt das Museum auch Positionen zeitgenössischer Kunst. ›Ein lebendiger Dialog von Vergangenheit und Gegenwart‹, so beschreibt Thorsten Sadowsky, der Gründungsdirektor, die Bilderschau.

Unter dem Titel ›Highlight‹ der ›Sammlung Kunst der Westküste‹ sind 100 der wichtigsten Arbeiten aus der Sammlung des Museumsstifters zu sehen.

GLENNGELATO /// SANDWALL 40 /// WYK AUF FÖHR /// 0 46 81 / 7 46 16 17 ///
WWW.GLENNGELATO.DE ///

Das perfekte Sortiment: Ob Stracciatella, Lampone oder Vaniglia, ob Nocciola, Pistacchio oder Fragola, die Gelati del Capitano halten, was ihre italienischen Namen versprechen. Dazu Caffè ed infusioni, und Sie spüren den Hauch mediterranen Flairs auch hier, im äußersten Norden Deutschlands.

TUTTI FRUTTI

Glenngelato ist jung, so jung, dass auf der Website der Eisbar bis jetzt nur das hübsche Gesicht einer Italienerin aus den 50er-Jahren zu bewundern ist, ansonsten rückt sie keine weiteren Informationen heraus. Ostern 2010 ist die Bar eröffnet worden.

Im April habe ich dort zum ersten Mal an einem der kleinen Tische auf einem quittengelben Stuhl aus der dänischen Designerschule Platz genommen. Obwohl die Sonne schien, war es draußen doch ungemütlich kalt, eben typisch April im hohen Norden. Dennoch überfiel mich die Erinnerung an einen heißen italienischen Sommertag. Die in helle Farbe getauchte und mit wenigen fröhlich-verspielten Dekorationen aufgelockerte Bar passt zu Sonne, Wärme, Süden.

> **Tipp**
>
> Machen Sie bei Glenngelato eine Pause für einen **ESPRESSO**, eine besondere Kaffeespezialität, für ein leckeres Eis in wenigen, aber exquisiten Geschmacksrichtungen.

Glenngelato liegt an der Strandpromenade auf dem Sandwall in Wyk auf Föhr. Die Touristik-Branche hat für diesen Abschnitt und den angrenzenden Südstrand den Slogan ›Friesische Karibik‹ erfunden. Man könnte auf die Idee kommen, dass den Betreiber der Eisdiele deswegen Assoziationen mit der italienischen Riviera befallen hatten, als er beschloss, seine Fähigkeiten und Dienste gerade hier den Besuchern der Insel anzubieten.

> **WONACH SEHNT MAN SICH AN EINEM HEISSEN SOMMERTAG? EIS? HIER GIBT ES DAS IN PREMIUMQUALITÄT.**

Die Rezepturen für sein Speiseeis hat er aus dem Eisforum in Iserlohn mitgebracht. Die Fertigung und Verfeinerung liegen ganz allein bei ihm. Unter seinen Händen werden die Naturprodukte, aus denen er seine Leckereien herstellt, zu Premiumeis, wonach man süchtig werden kann.

Sollte es draußen einmal unter Wolken kühl und stürmisch sein, dann unterstützt Sie eine frisch aus dem Ofen kommende Waffel mit heißen Kirschen und einer Kugel Vanilleeis dabei, gelassen auf die nächsten Sonnenstrahlen zu warten.

TOURISTBÜRO /// HAVNEBYVEJ 30 /// 6792 RØMØ /// +45 / 74 75 / 51 30 ///
WWW.ROMO.DK ///

Rømø gehört zu den größten Inseln Dänemarks. Ihre Entstehung verdankt sie dem Meer, den Stürmen und den Gezeitenkräften, ähnlich wie die deutschen Nordseeinseln auch. Ihre Form ändert sich fortwährend. Sie ist über einen befahrbaren Damm mit dem Festland verbunden.

INSELPASTORALE

Nachdem ich 1972 in den äußersten Norden Deutschlands gezogen war, ist kein Jahr vergangen – ausgenommen die Jahre, die ich im Ausland verbrachte –, in dem ich nicht mindestens ein Mal nach Rømø gefahren bin. Das Touristbüro preist die Insel mit den Worten an: ›Haben Sie Lust auf einen spannenden Urlaub mit vielen Möglichkeiten zum Entspannen oder den Urlaub aktiv zu gestalten?‹ Die sympathischen Unbeholfenheit des Textes (vielleicht liegt es auch nur an der Übersetzung ins Deutsche?) ändert jedenfalls nichts an der Tatsache: Rømø ist eine Quelle der Entschleunigung, der Kontemplation, eine Oase für endlose Spaziergänge bei Wind und Wetter, über Heide und durch Kieferplantagen, über Dünen und breite Strände entlang einer grandiosen Nordsee. Selbst Lakolk, das Zentrum der Tagestouristen, die hier mit dem Auto auf die Quadratkilometer großen Strandabschnitte fahren dürfen, tut der Ruhe keinen Abbruch. Außerhalb der Saison sinkt der Ort zurück in einen sanften Schlummer und döst seiner Erweckung im nächsten Sommer entgegen.

> **Tipp**
> Stundenlang **SPAZIEREN GEHEN**, golfen gegen Wind und Wetter, urlauben in dänisch-gemütlichen Ferienhäusern, das ist auf Rømø perfekt zu haben.

In neuerer Zeit ist auf der Insel viel Geld in den Bau von Ferienhäusern und Urlaubsattraktionen geflossen, darunter in einen Golfplatz, der – wie man hört – ganz ungewöhnliche Herausforderungen für Golffreunde bereithält. Wind, Wetter und die Nordsee sind die Elemente,

HIGHLIGHT FÜR INSEL- UND STRANDENTHUSIASTEN.

mit denen man sich, im Fall des Golfsports allerdings nur spielerisch, auseinandersetzen muss.

Der Sommer ist oft sonnig und warm, aber selten heiß. Auf rasch wechselndes Wetter sollten Sie sich einstellen. Regenschutz, ein warmer Pullover und Gummistiefel sind unverzichtbare Ausrüstungsgegenstände für den Urlauber, der auf den Inseln eine entspannte Zeit erleben will. Auch ein Buch, das Sie schon immer lesen wollten und für das Sie im Alltag bis jetzt nicht die nötige Ruhe gefunden haben, hilft, die Kapriolen des Wetters sinnvoll zu überstehen.

Im Sommer und im Winter der ideale Anlaufpunkt für die Liebhaber von Meer und Strand. Sportler und Aktive kommen auf ihre Kosten, Ruhesuchende finden immer, was sie brauchen und wonach sie sich sehnen. Beide kommen sich auf Rømø nicht in die Quere.

VOM WINDE VERWEHT

Auf jeden Fall ist es ratsam, mit dem Auto anzureisen (es fährt auch ein Bus, aber sehr selten, im Winter gar nicht). Im Gegensatz zur Nachbarinsel Sylt, auf der man als Autofahrer schon an die 100 Euro ärmer ist, bevor man einen Fuß auf den Strand gesetzt hat, ist auf Rømø alles kostenlos und gebührenfrei: Überfahrt, Strandzugang, Parkplatz und Toilette. Eine Kurtaxe kennt man in Dänemark nicht!

Man fährt auf einem langen Damm durchs Wattenmeer hinüber zur Insel und stellt das Auto, wenn man will, auf dem glatten Sand nahe der Wasserkante ab. Was auf den ersten Blick befremdlich erscheinen mag und skeptisch stimmt, verflüchtigt sich, wenn man ausgestiegen ist und die frische Meeresluft in der Nase hat. Der Strand und die Dünenketten sind so unendlich groß und ausgedehnt, dass sich die Autos, Wohnmobile und Motorräder darin verlieren wie Sterne an einem wolkenlosen Nachthimmel.

> **Tipp**
>
> Nehmen Sie sich vorsichtshalber einen **WINDSCHUTZ** mit. An der Nordsee ist es oft rau und windig.

Es gibt separate Strandabschnitte für Strandsegler, Surfer, Drachensteiger, Hundebesitzer und Nudisten.

Jedes Jahr findet ein großes Drachenfestival am Strand von Lakolk statt. Das Drachenfestival auf Rømø ist mittlerweile zu einem Event geworden, bei dem der Himmel mit allen möglichen Drachen in verschiedenen Formen und Farben gefüllt ist. Das Drachenfestival findet immer am gesamten ersten Wochenende (erster Tag Freitag) im September statt.

IDEAL FÜR STRANDENTHU-SIASTEN JEDER ART. UND ALLES GEBÜHRENFREI!

Nicht ohne Grund ist Rømø ein bevorzugter Ort für alle, die für ihr Hobby oder ihren Sport Wind benötigen. Wind gibt es in allen Stärken das ganze Jahr über. Lähmende Hitze oder drückende Schwüle sind äußerst selten. Dennoch fängt man sich auf der Insel leicht einen Sonnenbrand ein. Selbst bei bewölktem Himmel sollte man Vorsorge treffen. Salzluft und Wind wirken auch ohne pralle Sonne und lullen das Gefühl für die Gefahr auf der Haut ein.

RØMØ-SYLT LINIE GMBH & CO.KG /// NORDERHOFENDEN 19-20 ///
24937 FLENSBURG /// 04 61 / 80 70 91 01 /// WWW.SYLTFAEHRE.DE ///

Der ›SyltExpress‹ wurde 2005 speziell für den Verkehr zwischen dem Festland und der Insel Sylt gebaut. Die ›Roll on Roll of‹-Fähre bietet dem Autofahrer allen erdenklichen Komfort. Auf den vier Freidecks wird die Fahrt durch das Wattenmeer zu einem Erlebnis.

LAND'S END

Es war im November. Wir verließen Sylt am späten Nachmittag mit der Fähre von List nach Havneby. Die Passagiere und Autos hätte man zählen können, ohne in den Tüddel zu kommen (Norddeutsch, steht für problemlos, mühelos). Das Wetter war für die Jahreszeit ungewöhnlich ruhig. Im Norden lag das Lister Tief glatt wie ein Handtuch unter dem Horizont, die Sicht schien unendlich und die Lücken in den tiefstehenden Wolken wurden immer größer. An Oberdeck war es kalt, und so setzten wir uns

> **Tipp**
>
> Der **SYLTEXPRESS** ist eine Roll on Roll of Fähre. Zeitaufwendige Wendemanöver in den Häfen fallen weg. Die Überfahrt kann vorher gebucht werden. Lästiges Warten entfällt. Die Entgelte sind vergleichsweise günstig.

in die Sessel vor einem der breiten Panoramafenster auf dem Promenadendeck. Durch die Wolkenlücken warfen die letzten Sonnenstrahlen des Tages silberne Bahnen auf das Wasser. Das ferne Brummen der Motoren aus dem Schiffsbauch und ein leises Vibrieren lullten uns ein. Die Gespräche im nahen Bordrestaurant waren verstummt. Ab und zu hörte man das leise Klappern von Kaffeetassen. Einige Fischkutter aus Havneby kamen uns entgegen und tuckerten in Richtung offene Nordsee. Selbst die vereinzelten Durchsagen aus der Bordsprechanlage konnten

EINE MARITIME UND INSELTYPISCHE ANREISE NACH SYLT UND ZURÜCK AUFS FESTLAND.

die Ruhe nicht stören. Wir wechselten kein Wort, bis wir in Havneby festgemacht hatten.

Bevor wir das Auto für den Nachhauseweg bestiegen, sahen wir uns über das Autodach stumm an. Unsere Gedanken verweilten bei der Insel, dem Meer, dem Gekreische der Seevögel und dem Salz auf unserer Haut. Unsere Blicke sagten: Ich will hier noch nicht weg. Lass uns bleiben (Fortsetzung in Rømø Hede).

Rømø ist zum Großteil naturbelassen. Rømø Hede (Heide) ist ein geschützter Teil davon. Markierte Wanderwege und einige gesondert ausgewiesene Reitwege durchziehen das Gebiet. Am Rande findet man zwei Parkareale mit Picknickeinrichtungen. Es gibt einen abgeteilten Hundewald.

UND EWIG FLÜSTERT DER WIND

(Fortsetzung von Fähre Havneby/List) Kurz entschlossen fuhren wir die wenigen Kilometer zum Touristbüro. Die freundliche Dame empfahl uns ein Haus am westlichen Rand des Naturreservates Rømø Hede unweit des Strandes. Ich lenkte das Auto über Feldwege und Sandpisten und stellte es schließlich auf einem kleinen Rasenplatz vor einem roten Holzhaus ab. Der Zutritt ging über eine große Holzterrasse. Innen verbreitete die Heizung alsbald eine angenehme Wärme. Durch die verglaste Stirnwand sahen wir auf nichts als Krüppelkiefern, Heide, Sand, Wildrasen und Himmel. Wir waren allein, ohne Nachbarn, ohne Straße, ohne Geräusche von Mensch und Zivilisation.

> **Tipp**
>
> Im Rømø **MINIMUSEUM** kann man eine Menge über die Natur auf Rømø erfahren (Havnebyvej 30, Rømø). Das Naturcenter kümmert sich um das kleine Museum. Es ist ganzjährig geöffnet und der Eintritt ist frei.

Aus Havneby holte ich ein Kilo Krabbeglør (Krebsscheren), für jeden von uns einen Goldbutt, Butter, Brot und Tuborg-Bier. Nach dem Abendbrot entzündeten wir den Kamin. Das Knistern des Feuers und das Platzen des Harzes im Kaminholz verbreiteten eine wohltuende Atmosphäre. Nachts wachte ich auf vom Rauschen der Kiefern und dem ersten, leisen Donnern einer fernen Brandung.

Am nächsten Tag erklommen wir auf der Wanderung durch die Heide eine Anhöhe. Vor uns breiteten sich Nadelwald, Sandhügel, flache Tümpel, Moorinseln und Heide aus. In der Ferne hoben sich die Dünenkette und ein paar flache Ferienhausdächer gegen die schäumende Nordsee ab. Die Gischt trübte die Luft und tauchte die Kimm in einen weißlichen Dunst.

› **WIR RICHTEN TOUREN NACH IHREN WÜNSCHEN AUS. WIR SPRECHEN AUCH DEUTSCH!** ‹

Der Wind biss uns in die Wangen und die Augen tränten. Wir waren lange unterwegs, bis uns schließlich der Hunger zurück an den Kamin trieb (Fortsetzung in ›Die Kirche am Watt vor Hjerpsted‹).

BALLUM-SDR. SKAST-RANDERUP-HJERPSTED /// VESTERENDE 31 ///
BALLUM /// 6261 BREDEBRO /// HTTP://WWW.HJERPSTEDKIRKE.DK/ ///

Deiche, die über die Jahrhunderte hinweg zum Schutz gegen das Meer errichtet wurden, Marschhöfe auf künstlichen Warften – an der Küste bei Hjerpsted finden Sie, so weit das Auge reicht, eine ganz spezielle Landschaft. Und mittendrin eine einsame Kirche am Watt.

WEM DIE STUNDE SCHLÄGT

(Fortsetzung von Rømø Hede)

Unsere Zeit auf Rømø war um. Die Pflicht rief, wir mussten nach Hause. Am Tag unserer Abreise frühstückten wir beim Bäcker an der engen Kurve in Molby. Der Kaffee war heiß und köstlich, das mohnbestreuselte dänische Weißbrot kam frisch aus dem Ofen, die Butter schmeckte leicht salzig und der milde Käse zerschmolz auf der Zunge. Die Frau hinter dem Tresen war guter Dinge und sprach Deutsch mit uns. Das Frühstück zog sich in die Länge.

Später rollten wir an Kirkeby vorbei über Kongsmark und Norre Twismark auf den Damm hinüber aufs Festland. Es herrschte Ebbe, und wir blickten auf Schlick, Buhnen, Lahnungen, Flecht- und Gestrüppzäune, auf kreischende Seevögel und mollige Schafe, die auf den Salzwiesen vor dem Festlandsdeich friedlich grasten.

> **Tipp**
>
> Um die **UNVERGLEICHLICHE AURA** von Küste und Meer zu erleben, muss man hier gewesen sein. Abgelegen, ruhig, mit Blick auf Inseln, die Nordsee und auf einen unendlichen Horizont. Traumhaft schön.

Nach Überquerung des Deiches bogen wir rechts ab in Richtung Ballum/deutsche Grenze. An der Kirche in Hjerpsted machten wir einen letzten Halt. Gedrungen, schnörkellos, trutzig liegt der Bau mit dem mächtigen Backsteinvierkant etwas erhöht direkt am Wattenmeer. Man fragt sich unwillkürlich, wie die Gläubigen ihren Weg an diesen abgelegenen Ort finden.

EIN GANZ BESONDERER ORT AN DER KÜSTE ZWISCHEN DÄNEMARK UND DEUTSCHLAND.

Wenn man den angrenzenden Friedhof sieht, erübrigen sich alle Fragen. Der Blick nach Westen, auf die See und die am Horizont liegenden Inseln weckt ein Gefühl, als sei man unter dem klobigen Kirchturm geschützt vor den Gefahren, die da draußen lauern. Man kann nie sicher sein. Die Angst ist immer latent in uns. Nur der Tod ist sicher. Die Gewissheit, sterben zu müssen, verliert ihren Schrecken. An diesem Ort begraben zu sein, wird zu einer angenehmen Vorstellung.

BILDNACHWEIS:

Soweit hier nicht gelistet, stammen alle Fotos von Moritz Pelte, Flensburg.
S. 36 Restaurant Bind
S. 38/39 Steve Gupta, Flensburg
S. 58 Katrin Esders, Werbung & Design, Glücksburg
S. 62 Strandhotel Glücksburg
S. 70 Team Vivendi, Schleswig
S. 84+S. 184/85 Jens Hannemann, Eckernförde
S. 96 Jans Restaurant
S. 108 Vestas Deutschland
S. 110 Jörg Lehmann
S. 118 Breezer Aircraft
S. 132 Restaurant und Gästehaus Seebüll
S. 146 Restaurant Sansibar
S. 156 Hotel Stadt Hamburg, Westerland
S. 158 Maren Meyer-Ernsting, Café Wien, Westerland

DANKSAGUNG:

Bei der Arbeit an diesem Buch haben uns viele Menschen geholfen, denen wir an dieser Stelle danken möchten: Liz Thyregod, Kirsten Herrmann, Susanne Schöning, Jens Hannemann, Jan Timm, Thomas Fries, Thomas Overdiek, Birte Dettmers, Jörn Sternhagen, Laura Balte, Katrin Esders, Wolfgang S. Nitschmann, Sahra Klünder, Thorsten Kehl, Jan-Oliver Küster, Harald Hentzschel, Ulrich Person, Jutta Schubert, Kirsten Schoettler-Martin, Sönke Hansen, Kattrin Mauz-Rudi, Holger Martensen, Malte Peters, Bastian Baumgarten, Bärbel Nissen-Schütt, Lucas Haberkorn, Marianne Roeloffs, Tina Møller Fricke, Antonia Schütt und nicht zuletzt die beiden Claudias (Senghaas und Reinert) vom Gmeiner-Verlag.

Autor und Verlag haben alle Informationen mit größtmöglicher Sorgfalt geprüft. Gleichwohl sind Fehler nicht vollständig auszuschließen. Alle Angaben erfolgen ohne Gewähr. Bitte schreiben Sie uns! Über Ihre Rückmeldung zum Buch und über Verbesserungsvorschläge freuen sich Autor und Verlag: lieblingsplaetze@gmeiner-verlag.de

Lieblingsplätze entdecken

6 × 66 Orte, die einen Besuch wert sind

Reinhard Pelte · Zwischen Nord- und Ostsee
ISBN 978-3-8392-1160-1

Dieter Bührig · In und um Lübeck
ISBN 978-3-8392-1154-0

Susanne Kronenberg · Wiesbaden/Rheingau
ISBN 978-3-8392-1157-1

Notburg Geibel · Schwäbische Alb
ISBN 978-3-8392-1155-7

Edi Graf · Schwarzwald
ISBN 978-3-8392-1156-4

Erich Schütz · Bodensee
ISBN 978-3-8392-1166-3

Regional- und Stadtführer mit individuellen Tipps, die liebevoll ausgestattet Lust aufs Verreisen und auf mehr machen. In essayistischen Erzählungen und ganz persönlichen Ortsporträts. Garantiert schon bald auch Ihre Lieblingsplätze!